华南师范大学创建国家教师教育创新实验区
首批教师教育专家工作室主持人研究成果
新时代教师教育文库

U0816273

第3辑

教育科研能力提升丛书

丛书主编 | 王 红 黄道鸣 姚轶懿

胡中锋 主编

# 教育研究方法




SPM 南方传媒
全国优秀出版社 全国百佳图书出版单位 广东教育出版社
·广 州·

图书在版编目（CIP）数据

教育研究方法 / 胡中锋主编 . -- 广州 ： 广东教育出版社，2024. 7.（2025. 3 重印）--（新时代教师教育文库）.
ISBN 978-7-5548-6067-0
Ⅰ. G40-034
中国国家版本馆 CIP 数据核字第 2024FK6442 号

教育研究方法
JIAOYU YANJIU FANGFA

出 版 人：朱文清
项目策划：靳淑敏
责任编辑：尚　宇
责任技编：许伟斌
装帧设计：陈宇丹
责任校对：黄　莹
出版发行：广东教育出版社
（广州市环市东路472号12-15楼　邮政编码：510075）
销售热线：020-87615809
网　　址：https://www.gjs.cn
E-mail：gjs-quality@nfcb.com.cn
经　　销：广东新华发行集团股份有限公司
广东教育书店有限公司
印　　刷：佛山市浩文彩色印刷有限公司
（佛山市南海区狮山科技工业园A区）
规　　格：787 mm × 1092 mm　1/16
印　　张：21.5
字　　数：410千
版　　次：2024年7月第1版
2025年3月第2次印刷
定　　价：68.00元

# 主编介绍

胡中锋，男，湖北松滋人，心理学博士，教授，博士生导师，华南师范大学基础教育学院院长，广东省教育质量监测与评估专业委员会理事长，广东省教育评价协会副理事长、基础教育分会会长，广东省教育管理专业委员会副理事长，广东省高考研究会副会长，全国基础教育评价学会常务理事，广东省“百千万人才培养工程”指导教师和专家工作室主持人。目前任中华人民共和国教育部本科教学质量评估专家、广东省学位委员会委员。曾获广东省优秀教学成果一等奖，广东省哲学社会科学优秀成果二等奖、三等奖，全国优秀教育硕士指导教师，南粤优秀教师，全国首届百名继续教育名师；所任课程为广东省精品课程。曾数次赴美国和澳大利亚著名大学访学。

主要从事教育领导力、教育研究方法、教育

统计、测量与评价的教学与科研工作，曾获批国家级科研课题、省部级重点科研项目，发表文章100余篇，20余篇被“人大复印报刊资料”全文转载，发表英文论文10余篇，数篇论文在国内外学术界产生较大影响。主编著作10多部，其中《教育测量与评价》已发行数万册，《中小学教师教育科研导论》也受到广大中小学教师的普遍喜爱，《教育评价学》已出第四版，《教育科学研究方法》已出第二版。

作为负责人参加多项广东省评估项目的现场评估工作，包括国家示范性高中评估，等级学校、幼儿园评估，高中教学水平评估，教育现代化评估，教育强市、县评估，义务教育质量均衡发展评估，以及多类教育项目绩效、办学绩效评估。主持和参与多地教育发展规划制定，参与省市中小学高级职称评审。

# 前言

苏联教育家苏霍姆林斯基曾经说过这样一段话，要使教师的劳动充满快乐，就要引导他们走上教育研究这条幸福之路。新时代中小学教师开展教育科研的意义越来越凸显。首先，教育科研有助于教师的专业发展及其素质提高。跨入21世纪后，我国中小学教师的角色发生了重大转变，科研能力已成为教师必备的基本素质之一。而科研能力的培养，需要教育科研实践，通过亲身的研究经历来提升素质。其次，教育科研有助于提高教育、教学、管理的水平。教育、教学、班级管理、学校管理都有一定的规律可循，而这些规律需要通过教育的研究来寻找。只有遵循教育规律，教育、教学与管理才能事半功倍；只有遵循教育规律，才能确保教育的质量；只有遵循教育规律，教育才无愧是一门科学；只有遵循教育规律，教育才能成为得心应手的艺术；只有遵循教育规律，教师才能全面把握教学，在变化无穷的教育、教学情境中培养学生的创新能力。再次，教育科研有助于教育理论与教育实践的结合。“教师即研究者”正在成为教育界的共识。人们越来越认识到，没有教师的亲身参与，就无法让教育研究成果更快、更好地在教育实践中得到有效运用。最后，教育科研有助于发现或发展新的教育理论。实践是理论创新的源头活水。任何教育理论，都不是凭空臆测，它来源于教育、教学第一线的鲜活经验和教育改革的需要。所以，应该使每个教室都成为“实验室”，每个教师都成为科学研究共同体的成员。

随着时代的发展和教育改革的不断推进，每一个教师都必须具备同变革的教育实践相适应的教育、教学能力，都必须学习教育科研知识，懂得怎样开展教育研究。但由于历史的原因，目前中小学教师普遍缺乏教育科研方面的知识，没有掌握科学的教育研究方法，所以一提到教育科研，许多教师就会有一种畏惧感甚至恐惧感，中小学教育科研的现状难以令人满意。

笔者长期从事教育研究方法的教学和科研工作，近十年来一直开展中小学教师、研究生课程以及给面向中小学教师招生的教育硕士讲授有关教育研究方法课程，积累了较为丰富的经验。

已出版的有关教育研究方法的书籍也很多，但多数书籍过于理论化和学术化，脱离了中小学教育的实践。有些书介绍了各种研究方法，却没有从具体使用的角度介绍如何选用、应该注意哪些问题，致使一些中小学教师看过之后，合上书还是不会做研究。对于各种研究方法的使用前提以及使用条件，也少有书能交代清楚，中小学教师误用情况严重；而且，几乎没有结合中小学教育研究的实际例子来介绍各种研究方法的书。有鉴于此，作者编写了这本《教育研究方法》，希望将教育研究理论与教师的教育研究实际真正结合起来，让广大中小学教师读完本书后能在教育研究方面起步。

本书分为三大部分。第一部分，主要介绍中小学教育研究的基本知识和基本理论，包括教育研究概论、教育研究的特点与程序、问题的选择与假设的提出、文献的查阅与分析、样本的选择、数据的处理与分析等。第二部分主要介绍各种具体的在中小学教育研究中常用的研究方法，其中有些还是比较新的研究方法，比如质的研究法、行动研究法、叙事研究等。第三部分是关于如何进行研究设计与撰写学术论文的内容。

本书有以下几个特点：一是全面性。从目录可以看出，本书包含了几乎所有在中小学开展研究的常用方法，特别是质的研究法、行动研究法、叙事研究等。二是可操作性。本书对每种研究方法的实施程序、操作要求都作了详细说明，读者可以按照这些说明直接进行选择和实践。三是示范性。这也是本书的创新点之一，即列举了几篇研究的案例，以及常用的问卷、研究设计方案等。总之，作者的初衷是将理论与实际真正结合起来，帮助广大中小学教师从鲜活生动的教育研究做起，步步深入。

希望本书有助于中小学教师进行教育研究，也希望广大教师的教育研究能够更进一步地充实本书内容。

胡中锋

2023 年 10 月 31 日于广州

# 目录

# 第一章　教育研究概论

## 第一节　科学研究及其相关概念

### 一、什么是科学

#### （一）科学的概念

科学是一种特殊的社会历史现象，是人类对自然、社会和思维等现象规律性的认识，它以系统的、有组织的知识形态反映出来。

“科学”一词源于拉丁文“Scientia”，它表示知识或真理的意思。《辞海》解释为“运用范畴、定理、定律等思维形式反映现实世界各种现象的本质和规律的知识体系”。

一种观点认为，科学是运用系统的方法处理问题，从而发现事实变化的真相并进而探求其原理、原则的学问。这种界定包括了三个要素：①问题；②方法；③目的。任何一种科学的产生，都是开始于存在待解决的问题，而且问题通过外部的事实或现象表现出来，变化不定。要解决某种问题，自然需要适于问题解决的方法。此一界说中所指的科学目的，包括两个层次：其一是发现事实变化真相；其二是探求事实变化的原理和原则。

基于以上对科学界说的分析，大致可以对“科学”一词得到如下的认识：待解决的问题，只是科学研究的对象，其本身并不代表科学；只有科学方法以及采用该方法所要达到的目的，才真正符合科学的含义。也就是说，一种知识是否配称为科学，其关键不在于知识本身的性质，也不在于知识组织的形式，而是在于探求知识或解决问题时所采用的方法。

科学知识必须具备以下一些特点：

**1. 客观性**

科学所研究的对象，不管是属于自然现象、社会现象还是思维现象，都是客观存在的。它们按自身的规律运动，不以人的主观意志为转移。当然，人有主观能动性，在尊重客观规律的前提下，人们可以使事物按照自己期望的方向发展。至于客观规律本身是丝毫违反不得的，否则会适得其反，甚至会受到非常严厉的惩罚。在这一方面，相信教育工作者都有深切体会。

**2. 规律性**

客观世界是按照一定的规律发展运动的。科学或科学知识就是要说明存在于许多复杂现象之间的规律。并且这些规律适用于同类的其他现象，所以有相同性。因此我们也可说，凡是科学知识都带有共同的规律性。

### 3. 可验证性

既然是事物的共同规律，那它就必然是可以反复验证的。所以科学知识也必然具有可验证性。

### 4. 系统性

客观世界的诸多规律彼此联系，形成一定的体系。任何一门科学，都应反映出一定范围内的客观事物规律，表现出科学知识的系统性。也可以说，某门科学就是某方面事物规律的知识体系。在这一体系中，知识之间不但不互相矛盾，而且能互相补充、说明，紧密联系，形成一定的知识结构。

### 5. 准确性

科学知识要求概念清晰，定性定量准确，原理屡试无误。含混不清、模棱两可都是与科学知识的要求不相容的。就像科学上常要求数据，因为数据可以把事物间的关系说得更清楚，更准确。

## （二）科学的划界标准

如何确定科学划界标准是现代科学哲学最基本的问题，对于这个问题不同的哲学家给出了完全不同的答案，这就给有些学科的划界带来了困难。

要判断一门学科是否属于科学，必须研究科学的划界标准。这个问题在现代西方科学哲学史上进行过旷日持久的讨论，却始终未取得统一的意见。比较有代表性的观点有：逻辑经验论的意义标准、卡尔·波普尔提出的可证伪性标准或可反驳性标准、托马斯·库恩的

“范式”理论、伊姆雷·拉卡托斯的科学研究纲领、拉瑞·劳丹的科学研究传统理论和保罗·费耶阿本德的“怎么都行”说。

根据逻辑经验主义提出的所谓意义标准，陈述如果与人们的感性经验有关联才是有意义的，才可以称得上科学。卡尔·波普尔认为，在一个理论体系能为经验所检验的陈述，才是科学的。故而，可以作为划界标准的不是可证实性而是可证伪性。托马斯·库恩认为，常规科学是由一个公认的理论决定的，这个理论包含研究方法和技术，它指定了什么疑难问题要加以研究，什么样的解决是可以接受的。库恩把这样的理论叫做范式论。从范式中“产生了科学研究的特殊的连贯的传统”，即为常规科学。伊姆雷·拉卡托斯提出了科学研究纲领论。研究纲领由方法论规则组成。如果纲领及其要素共有某些“不可反驳的”公设，那么这些公设就构成这个研究纲领的“硬核”。科学家把注意力集中于按照纲领的指示发展模型。拉瑞·劳丹提出了科学研究传统理论。劳丹认为，在一切智力领域内，都存在着各种各样的传统，研究传统中包含着学科科学性的标准。在科学与非科学划界问题上独树一帜的是保罗·费耶阿本德，他认为，根本不存在一种客观的科学划界标准；从研究成果来看，科学也没有什么特殊地位。科学得益于许多非科学的东西，科学不过是一种意识形态，它能干的，其他意识形态也能干。

综上所述，关于科学划界的标准问题，还没有大家公认的一致答案。

## 二、什么是科学研究

研究是指利用有计划、系统性搜集、分析和解释资料的方法，以解决问题的过程。实际上，研究是运用科学方法探究问题答案的过程。科学研究是运用科学方法，从事有目的、有计划、系统性地认识客观世界，探索客观真理的活动过程。

在科学研究中，人们有意识地搜集有关研究对象的事实材料，通过对事实材料分析、综合、比较、抽象和概括，去揭露事物的本质，发现事物运动变化的规律性，建立说明事物的理论。

当然，认识事物的本质，掌握事物的规律性，建立解释事物的理论、法则，是为了对事物的预测和控制。因此，科学研究在揭露现象规律性的同时，也在寻找改造客观世界的途径。

德国著名逻辑学家阿·迈纳在《方法论导论》一书中，把科学研究描述为一种带有七个自变量的关系：F（C，B，M，I，H，S，G），其中F为科学研究，C为研究者，B为研究范围，M为研究方法，I为研究机构，H为物质的辅助手段，S为科学研究的已有成果，G为社会背景。这些是科学研究的基本要素。

科学研究的基本特征如下。

### （一）系统性

科学研究通常采用系统的方法。系统的方法通常是以一个明确的问题开始，直到获得结论为止。

### （二）客观性

客观性是指研究所使用的一切方法和程序均不受个人主观判断或无关因素的影响。

### （三）创造性

创造性是科学研究的灵魂，是指科学研究必须是在前人研究的基础上有所突破和创新，而不是简单重复前人的研究。

## 三、什么是科学研究方法

在科学发展史上，“方法”的概念源远流长。在中文的词义学中，“方法”一词指关于解决思想、说话、行动等问题的门路、程序等。在希腊文原义中，方法指沿着某条道路前进。从现代科学意义上来理解，方法指人们从实践或理论上把握现实，为达到某种目的而采用的途径、手段、工具和方式的总和。

作为科学概念，马克思主义哲学认为，方法一般是指认识和研究自然界、社会现象和精神现象的方式和手段。正确的、科学的方法，应当与现实事物本身固有的规律相一致。马克思主义不是把方法理解为人类意志随意创造的规则的总和，而是理解为关于自然界、社会和思维的最一般规律的科学。所谓方法论是哲学意义上关于方法的理论。

科学研究方法在科学研究中具有十分重要的地位和作用。生理学家伊万·彼得罗维奇·巴甫洛夫说：初期研究的障碍，乃在于缺乏研究法。无怪乎人们常说，科学是随着研究法所获得的成就而前进的。研究法每前进一步，我们就提高一步，随之在我们面前也就开拓了一个充满新鲜事物的，更辽阔的景象。因此，我们的头等重要的任务乃是制定研究法。

一套完整的科学研究方法，涉及如下一系列的内容：①课题研究的理论基础，②课题的正确选择，③有关资料文献的搜集和查阅，④研究计划的制定，⑤研究材料的编制和指标的确定，⑥研究方法和研究对象的选择，⑦具体研究步骤或程序的实施，⑧研究结果的整理与分析，⑨对研究结果的检验，等等。这些复杂的程序的运用也是逐渐完善起来的。可以说，一门学科的发展历史，同时也是这门学科研究方法学的发展历史。

## 四、建立科学理论的方法

### （一）公理化方法

所谓公理化方法是指从少数几个基本概念、公理或假设出发的逻辑方法。这些公理或假设有的是不证自明的，有的则是不能证明的规定。从这些少数的公理和假设出发，有逻辑地演绎出一系列的推论，这些推论又表现为概念、定理、定律、公式或其他判断形式。这样由公理化方法所得出的逻辑演绎体系称为公理化体系。阿尔伯特·爱因斯坦曾说，一门科学完整的体系是由概念、被认为对这些概念有效的基本定律，以及用逻辑推理得到的结论这三者所构成。这正是公理化的理论体系。

科学史上最早的公理化理论体系为欧几里得的《几何原本》，他将23个定义、5条公设和9条公理作为全部几何学的出发点和依据。正如爱因斯坦所评价，我们推崇古代希腊为西方科学的摇篮。在那里，世界第一次目睹了一个逻辑体系的奇迹，这个逻辑体系如此精密地一步步推进，它的每一个命题都是绝对不容置疑的；这里说的就是欧几里得几何。逻辑推理的这种可赞叹的胜利，使人类理智获得了为取得以后的成就所必需的信心。

近代数学家希尔伯特提出了建立公理系统的一般原则。

#### 1. 无矛盾性

公理系统中不能演绎出矛盾的命题，要求逻辑系统首尾一贯。这是科学性的要求。

#### 2. 完备性

所选择的公理应当足够多，能从它们推出有关本学科的全部定理、定律；若减少其中任何一条公理，有些定理、定律就会推导不出来。这是保证系统的完备性的要求。

#### 3. 独立性

所有公理彼此独立，其中任何一个绝对不能从其他公理中推出来。这是公理系统简单性的要求。

### （二）逻辑与历史相统一的方法

所谓逻辑与历史相统一的方法，指遵循逻辑与历史相一致的原则来建立理论体系的方法。这里所说的历史，是指客观现实的历史发展过程，或人类对其认识的发展过程。这里所说的逻辑，是指思维对上述历史发展过程的概括反映，表现为由概念、判断、推理等构成的体系。

根据马克思主义的唯物辩证法，历史内容是第一性的，逻辑内容是第二性的。逻辑内容是从历史内容中派生出来的、概括抽象出来的，是历史在理论思维中的再现，因此两者是一致的。然而，逻辑所反映的历史，与历史本身是有区别的。客观历史发展过程丰富多彩，表现形式多种多样，在历史的长河中也存在许多不可言说的偶然性、曲折性；逻辑不是反映历史的全部细节，它撇开历史内容中丰富、次要、偶然的东西以及其具体形式，以“浓缩”形式和“纯粹”形态反映历史的内在规律性和必然性。因此，历史与逻辑的统一是辩证的统一，其中包含差异。

正如弗里德里希·恩格斯所言：历史从哪里开始，思想进程也应当从哪里开始，而思想进程的进一步发展不过是历史过程在抽象的、理论上前后一贯的形式上的反映，这种反映是经过修正的，按照历史过程本身的规律修正的。

逻辑与历史相统一的原则既是科学研究的方法，又是理论表述的方法，它为理论体系的建立提供了一个客观依据和方法论的指导原则。按逻辑与历史相统一的原则建立科学理论体系，可以有以下两种类型。①自然型，按逻辑发展的顺序与客观事物历史发展的进程相一致的原则建立的理论体系。大多数经验性较强的演化性的科学一般采用这种方法构造。②认识型，按逻辑发展的顺序与人类对某一学科的认识发展过程相一致的原则建立理论体系。

但无论上述哪一种形式，它们在建立时都要遵循下列原则。

（1）历史从哪里开始，逻辑就从哪里开始。历史的起点往往也是逻辑的起点。

（2）逻辑发展的顺序应是历史发展的进程，是从简单到复杂、从低级到高级、从抽象到具体的发展过程。逻辑过程又是在逻辑自身力量引导下反映和把握历史的一般过程。

（3）与历史一致的逻辑必须具有可检验性。构造出的逻辑体系不仅能说明已知的事实，与历史的进程相一致，而且能够对未知事实做出成功的预见，这是理论体系中逻辑力量的表现。

## 第二节　教育研究的特点

教育研究是一种在教育过程中采用一定的方法研究教育现象的认识活动，是寻求有关教育知识或解决教育实践问题的一种创造性认识活动，从事这种活动所采用的手段便是教育研究方法。教育研究方法大都来源于自然科学研究，自然科学的实证化研究模式曾经成为教育研究的楷模，使得具有人文社会科学性质的教育研究与自然科学一样注重“客观性”，保持“价值中立”。随着教育研究实践活动的深入与教育科学的发展，人们认识到以经典自然科学为标准的实证方法难以应对复杂的教育现象，于是开始思考教育研究是不是应该有属于自己的独特研究模式。

与自然科学相比，教育研究有着以下特点。

### 一、研究目的的独特性

教育研究具有明确的目的，其目的还具有独特性。一般而言，教育研究的目的是阐释教育现象、揭示教育规律，促进人的身心发展。为什么说教育研究的目的具有独特性呢？首先，教育研究的对象往往是人或者人某些方面的属性或特征，人是世界上独特的动物，不仅具有生理活动，还具有心理活动，人的意识和心理可能会反作用于研究的进程，最终研究者和被研究者或许发生相互作用。其次，人的发展具有阶段性，每一阶段又具有自身的规律性和差异性，教育研究不能违背这些规律。一旦研究失败，可能会影响或耽误研究对象一生的发展；因此，教育研究应该非常慎重地进行。再次，教育研究是为了促进人的身心发展，一切不利于人身心发展的研究是不允许的，也是不人道的。比如，研究学生不良的道德习惯，不能故意让学生染上这些习惯再去研究如何纠正。最后，人是不能随意控制的，教育研究不可能像自然科学研究那样严密与精确。

总的来说，教育研究的目的具有特殊性。

## 二、研究问题的复杂性

教育研究的问题是非常复杂的，这种复杂性主要表现在研究对象往往会和研究者相互影响，因为教育系统本身就是一个非常复杂的系统。传统的“科学-实证”取向的教育研究超越了此前纯粹哲学思辨的方法论阶段，发展并揭示了教育现象中部分规律和规律性联系，对获得不断深刻化、精确化的知识起了巨大的作用，尤其是在大群体、大样本的研究中，它的地位是难以代替的。但人的现象与物的现象之间存在着本质的差异，教育活动是人创设、发展和参与的过程，人的行为并非全然不证自明，更不是可量化以及能被客观测量的。包括教育在内的社会现象充满着意义和诠释，以固有、先前的观念去检验所谓的经验材料，是无法揭示其真谛的。所以，把自然科学研究物的方法应用于复杂的教育现象是简单化的做法。

## 三、研究对象的变化性

教育现象是复杂的而且是变化着的，人类的教育活动起源于社会实践的需要，是人文现象，它是“活的”、能动的，不但包含着丰富的内涵和价值意义，还带有人类历史经验，教育者与受教育者的个体经验，而且这种经验是时时更新着、变化着的。比如，研究中小学生的身心活动规律，现在的情况与二十年前的情况存在很大的差异；再如，现在研究德育方面的问题，和过去相比也有很大的变化。

## 四、研究方法的经验性

从研究方法和手段上看，教育研究既可采用和借鉴自然科学的研究方法与手段，也可运用社会科学研究通常所采用的研究方法与手段。这表明教育研究科学基础的多样性和广泛性，同时，也表明对于教育现象和教育问题，可从不同维度和层次去揭示。这就使教育研究显著地区别于诸如文学、哲学、伦理学等人文、社会科学研究。尽管诸多的自然科学研究方法能够在教育研究中被采用，但教育研究所使用的一切方法、手段都在经验性的框架之内。

## 五、研究控制的困难性

教育研究控制困难的主要原因是教育研究者根本无法将自身与教育现象孤立。一方面，在研究形式上不管研究者是否参与研究情景，也无论他使用什么样的研究方法，研究者的历史性、社会性和价值判断都会融入教育情境中，在教育研究的每个阶段，包括理论的建构、假设的建立、语言的使用以及结果的解释等都隐含着教育研究者对教育现象的诠释。[①]而另一方面，要对被研究者进行控制也是非常困难的。被研究者的情绪、情感、知识、能力及经验等都可能会影响研究结果。比如，我们在进行实验时，无论你怎么控制，都很难保证实验班与对照班在实验之前具有完全相同的条件，而且在实验过程中也会有众多的因素影响实验结果。例如有的实验教师本身就是优秀教师，实验班学生的学习动机要强于对照班，实验班的学习时间可能会多于对照班，等等。

## 六、研究过程的不确定性

自然科学的迅猛发展坚定了人们这样的一种信念：世界是有秩序的，是可以预测的，世界具有基本的一致性和规律性，在偶然事件、表面混乱的现象背后一定隐藏着一般的规律；世界各种事物的规律性表现在彼此的因果关系之中，澄清了事物之间的因果联系，就找到了事物变化发展的规律，也就可以预测未来。但是，教育过程中是否也存在这样有必然因果联系的规律呢？答案可能是否定的。我们要从多角度、多方面、多方位研究问题，但这会带来研究过程的不确定性，以及研究方法的差异性，这也是研究结论存在个别性问题的一方面原因。导致研究过程的不确定性的另一个因素则是由于有时我们很难判断究竟哪一个研究程序是更为科学、合理的，在这种情况下，最终只能要求对所有研究程序、研究方法整合。比如，研究学生的学习态度，我们既可以采用问卷法，也可以

① 王静．试论教育科学研究方法的多元化问题[J]．乐山师范学院学报，2002（5）：93-95，118.

采用观察法，还可以采用访谈法和实验法，这些研究过程是有差异的。

## 七、研究结论的个别性

在教育研究中，研究者和被研究者都是价值的负载者，他们又交织在社会文化的价值体系中；在不同的情景中，他们会有不同的表现。何况，教育是追求个别性与独特性的实践活动，教育要培养的是富有个性、独特性的个体而不是具有统一标准的产品。因此，与自然科学相比较，教育研究的结论更具有个别性与独特性，教育研究“不是缝制一套对保罗和彼得都同样适合的服装。也就是说，它们想从现实的个别性方面说服现实。这种现实决不是普遍的，而始终是个别的”[①]。以教学为例，教学涉及个体的认知心理发展、课程内容及学生认识过程中的相互作用。科学心理学研究成果表明，人心理发展存在明显的规律性。然而，各心理学流派在许多方面存在着不一致性或矛盾性，况且在高级思维活动中还存在着大量的非理性现象。这一方面说明认知发展过程的复杂性，另一方面也说明认知发展过程具有个别性。

---

① 张新海. 关于教育研究方法论的几点探讨[J]. 河南教育学院学报（哲学社会科学版），2000（2）：6-10.

# 第三节　中小学教师教育研究的特点

中小学教师进行教育研究除了有教育研究的一般特点外，还有以下的特点。①

## 一、中小学教师教育研究以应用研究为主

应用研究是运用教育基础理论知识，解决教育工作中的实际问题，它着重研究如何把教育科学的基础理论知识转化为教育技能、方法和手段，使教育科学理论知识同教育、教学实践衔接起来，达到某种具体和预定的实际目的。应用研究是对教育原理的尝试性应用，是教育理论和教育实际承上启下的中间环节和桥梁。

中小学教师从事教育研究的主要目的及主要任务是研究教育工作中急需解决的、有价值的重要问题。因此，研究中要注重研究的实用性、可操作性、效益性和灵活性。

## 二、中小学教师教育研究以微观研究为主

微观研究是对教育问题进行具体细微的研究，往往是针对某个实际问题，例如语文情境教学研究、数学尝试教学研究、单亲家庭子女心理特点研究等。微观研究范围小，具有单一性、灵活性等特点。

① 王铁军. 中小学教育科学研究与应用[M]. 南京：南京师范大学出版社，2002：6-11.

中小学教师在研究中应结合实际工作，对诸如校本课程、综合课程、活动课程、研究性学习、发展性评价、课堂教学模式、课堂教学管理及学生心理健康等方面的问题进行研究时，应以微观研究为主。

## 三、中小学教师教育研究以教学研究为主

教师的主要工作是教学，教学工作是全面贯彻教育方针、推进素质教育、实现培养目标的主阵地，是学校的中心工作，学校的一切工作都应以教学工作为主。从这个角度而言，中小学教师的教育科研应以教学研究为主。

国家颁布的文件，如《中共中央 国务院关于深化教育改革全面推进素质教育的决定》《国务院关于基础教育改革与发展的决定》《中国学生发展核心素养》等，都要求教师结合教育教学实践工作开展科学研究，努力提高教育研究意识和教学研究能力。

## 四、中小学教师教育研究以行动研究为主

行动研究是从实际工作中寻求课题，对实际工作进行研究，由实际工作者和研究者共同参与，使研究成果为实际工作者所理解、掌握和实施，从而达到解决实际问题、改进行为的效果。行动研究要求教师作为教育情境的参与者，基于解决实际问题的需要，与研究成员共同合作进行系统的研究。它为广大教师参加教育研究提供了实现途径，能够帮助教师改变工作现状、提高教学质量，是一种行之有效的教育研究方法。

### 五、中小学教师教育研究主要是一种校本研究

校本研究是指密切结合学校实际工作，由学校自行确定课题、自主设计研究计划与实施的一项教育研究活动。校本研究是以学校为本位、以学校为基础、以学校为主阵地、以教师为主体的研究活动。校本研究的课题皆来自学校实际工作，校本研究的直接结果是学校工作实践的改进，而不是为研究而研究。其研究的出发点是学校工作遇到的问题，归宿点应体现在学校面貌的改变以及师生的发展。

校本研究要求教师成为学校的主人，成为教育研究的主体，真正按照学校工作和发展需求来开展研究，并且对自身的教育教学工作进行认真、系统的思考，经过理性加工，使经验体会上升为理性知识。

## 第四节　中小学教育研究的一般程序

每一项具体研究的程序不一定相同，但任何研究都有一些相同的基本步骤和程序。所谓基本程序，即每一个特定的研究不一定原封不动地按照以下六个程序进行，可以结合研究的实际情况在这六个程序上进行增减。一般而言，教育研究与自然科学研究一样，也具有以下基本程序。

## 一、选择研究问题

所谓问题就是尚未解决的矛盾，也就是我们的研究课题。进行一项研究时，最重要的工作就是选择适合研究者研究的问题。选择研究问题就等于确定了研究方向。一旦方向出了问题，整个研究也就白费了。研究问题既是研究的起点，也预示了要达到的目标。俗话说得好，发现问题比解决问题更重要，提出问题等于解决了一半的问题。

选择研究问题既是重点，也是难点。所以本书专辟一章探讨如何选择研究问题与提出研究假设，详见第二章。

## 二、提出研究假设

所谓假设，就是根据一定的科学事实和科学理论，对研究中的问题提出假定性看法和说明。事实上，假设就是研究问题的预设答案。假设的提出使研究的问题更加明确和具体。

如何具体提出研究假设，在第二章详细说明。

## 三、设计研究方法

有了假设以后，就要着手设计检验假设的方法，即进行研究设计。研究设计包括很多方面，比如，认定与问题和假设有关的变量，选择研究的工具和方法，等等。

设计研究方法的前提是掌握这些方法，了解每种方法的使用前提和条件以及适用范围，清楚每种研究方法的优势与局限。通过阅读本书，读者最终能设计出合适的研究方法，学会如何研究设计，这是本书的目的之一。

## 四、搜集研究资料

有了研究的方法之后，就要利用所选的方法依照研究假设逐步收集资料。在收集的过程中资料既要贴近假设或问题，也需保持客观性。

## 五、分析研究资料

收集完资料后，要采取适当的方法来分析，让原始资料成为分类化、系统化和简要化的结果。

常用的分析资料方法有定量分析法和定性分析法。本书会进行详细的介绍。

## 六、得出研究结论

收集的资料，经整理、分析后，所得的结果可能支持假设，也可能推翻假设。在科学研究中，结论的建立，必须以研究所获得的结果为依据，绝对不能捏造。

以上六个程序是教育研究的基本程序，虽然在特定的研究中，程序可以适当增加或减少，比如，有些研究过程中，假设不一定明确地写出来，甚至没有明确的假设；还有一些研究中，设计方法和搜集资料也不一定清楚地表现出来。但有一点是肯定的，那就是这些程序的顺序往往是不能颠倒的。比如先有研究问题，才有研究假设；先要收集资料，才能分析资料；在得出研究结论后，才可以进一步提炼结论的理论与其现实意义，提出相应的对策。我们在进行一项研究设计时，特别要注意从这六个程序着手，尤其对新手而言。实际上，本书的主要内容就是围绕这些基本的程序展开的，我们将在后面章节详细说明如何进行研究设计。

## 第五节　教育研究的两个基本概念

信度和效度这两个概念是教育研究中最基本也是最重要的概念，从根本上说这两个概念伴随研究的始终，既是起点又是终点。

### 一、教育研究的信度

信度是指研究的可靠性、真实性、一致性和可重复性的程度，是一个研究的必要条件。没有信度的研究没有任何价值，也不可能有高的效度，就像一个缺乏诚信意识的人不值得他人去交往。在研究中弄虚作假是非常严重、恶劣的抬高信度的事件，这是绝不允许的。除此以外，还有很多因素会影响信度。

信度可以分为两种：内在信度和外在信度。内在信度是指在给定的相同条件下，资料收集、分析和解释在多大程度上保持一致。外在信度涉及一个独立的研究者能否在相同或相似的背景下重复研究。内在信度是前提，外在信度是在内在信度高的条件下对信度的更高要求。

## 二、教育研究的效度

效度是指研究结果的有效性和准确性，即研究是否达到预期目的。效度在教育研究中比信度更重要，也更难把握。效度指通过研究得到的结论到底在多大程度是准确和有效的，是研究的真正目的和本质追求。举个例子，研究问题是“教师职业倦怠的成因分析”，这个问题可以通过很多方法来研究，如问卷调查、个案访谈等，最终得到教师职业倦怠的五个影响因素；效度可判断这五个因素到底是否准确。实际上，效度和整个研究过程都息息相关，任何一个环节的差错都会影响最终结果的有效性。比如，问卷设计是否科学、合理？样本选择是否恰当？实施过程信度如何？结果的统计分析是否正确？这些都会影响研究结论。所以，效度伴随研究的始终，高效度的研究是科学研究的最终追求。

效度也可分为两种：内在效度和外在效度。内在效度是指结果可以被精确解释的范围。外在效度是指结果能正确地运用到被推广的人、情境和其他条件中的程度。内在效度是基本的，否则无外在效度可言。但内在效度高的研究，外在效度不一定高。比如，在甲地进行的高内在效度的研究，就不一定能推广到乙地，特别是当甲乙两地的差异非常显著，且这种差异与所研究的问题密切相关时。例如，美国的学生或中国发达地区的学生适合采用研究性学习方式，但是否所有中国学生都适合这种方式呢？这是需要进行认真研究的问题。

因此，可以说研究效度是指结论的准确解释（内在效度）和普遍（外在效度）程度。当然，两种效度都只是度的问题。

# 第六节 概念的定义方法

要进行教育研究，首要任务就是对研究中即将出现的重要概念和名词进行定义。在教育研究中，很多概念不像自然科学概念那样具有十分明确的含义，教育研究涉及的概念往往是多义的，甚至是有歧义的。比如，据统计，关于智力的概念就有100多种理解；笔者也曾经统计过素质教育的概念，有20多种理解，甚至对什么是素质也存在不同的认识，从遗传素质一直到影响人发展的所有因素都可以理解为素质。因此，对这些概念进行定义就成为必不可少的环节。对概念进行定义通常有以下两种方法。

## 一、概念性定义

概念性定义参照概念或假设的标准来界定研究变量或重要名词的意义，也就是通常说的“用概念来定义概念”。比如，要采用概念性定义来给“智力”下定义，选择一些有代表性的定义来展示。第一种认为智力是一种抽象的思维能力，第二种认为智力是一种逻辑思维能力，第三种认为智力是适应环境的能力，第四种认为智力是学习的能力，第五种认为智力是一种综合的能力，等等。虽然这些理解都认为智力是一种与认识活动有关的能力，但对其具体的理解有很大的不同。上面列举的还是对智力的经典理解。在20世纪80年代以后，智力的概念又有了很大的扩充，出现了像情绪智力、三重智力、多元智力、成功智力等差异非常大的理解，甚至同一个心理学家在不同的时期对智力的理解都有很大的不同。如美国心理学家罗伯特·斯滕伯格三十余年致力于智力的研究，先后提出了成分智力、三重智力、成功智力等概念。

概念性定义是常用的一种下定义的方法，但要真正给一个概念下定义却是困难的，不仅有语义学、逻辑学方面的要求，还与对概念的本质把握和理解的程度有关。如果你对概念涉及的领域不太熟悉，对别人是如何理解这一概念的也不清楚，是不可能对概念下出准确定义的。严格来说，教育学真正的概念体系还没有建立起来，这给下定义带来了很大的困难。所以，一些所谓的概念定义其实是对概念的描述，有的甚至是循环定义。

那我们应该如何给概念下定义呢？我以为，最有效的一条途径就是先了解目前为止同行是如何理解这一概念的；然后对这些理解进行整理、分类，找出异同点；再对这概念进行定义。要避免的一种倾向是很多人往往会采用的一种所谓的综合的观点，即把别人对这个概念的理解都放进你的概念定义之中；这看似全面，但概念的内涵以及外延可能发生变化了。比如，有人提出了综合智力的概念，他把影响人发展的因素都放在智力这个“框”中，似乎是全面了，但却混淆了智力因素与非智力因素的区别，概念的内涵被无限扩充了。

## 二、操作性定义

操作性定义是根据可观察、可测量和可操作的特征来界定研究变量定义的方法。也就是说，根据这种定义方式能够对所定义的变量进行相应的观测、检验而了解其特征。比如，对“智力”的概念进行操作性定义，可以定义为智力就是采用比纳—西蒙量表或韦克斯勒量表进行测量而得到的结果。虽然，这里有同一循环的定义，但的确可以根据这种对智力的理解而测量被试智力水平，无论根据何种智力的概念性定义都是不可能准确知道被试智力水平的。

对概念进行操作性定义是实证研究方法的必然要求，必须要知道变量的取值，研究才能继续进行。与对名词进行概念性定义一样，要对名词进行操作性定义也需要透彻把握该名词的含义，理解同行专家如何对这个名词进行操作性定义。下操作性定义看起来似乎比下概念性定义要容易一些，但实际并非如此。下操作性定义还要考虑一个因素，即根据这个定义进行测量或操作的相应工具是否具备；否则，即便给出操作性定义，最终也无法根据此定义获得相应的结果。比如，把“大学生的英语成绩”定义为“该生参加雅思考试的分数”，这的确是一个操作性定义，但不如把“大学生的英语成绩”定义为“该生参加四级英语考试的分数”更加具有可操作性。

对概念或名词进行定义还牵涉一个问题，即到底要对哪些概念或名词进行定义？一般而言，需要定义的是研究中的关键概念或名词，当然这是一个比较模糊的回答。对思辨型的研究，不对概念进行定义，也可以写出论文。但对实证型研究，关键变量是必须下操作性定义的，因为研究者无法回避这个问题；即使不定义，在对变量取值的过程中实际上也是赋予了变量定义。所以，问题往往出现在思辨型的研究中。一种情况是没有给关键概念进行定义。比如，谈论素质教育，由于没有定义或者没有明确对其理解，所以赞成也好，反对也罢，实际上可能指的是不同的内容。曾经把素质教育理解为“唱歌跳舞、敲锣打鼓”，很多人是反对的；把“素质教育”作为“应试教育”的对立面，也有人反对。还有一种情况是，给关键概念下了定义，但在相关论文中却没有自始至终按照所定义的内涵来理解这个概念以及进行推理，把下定义变成了走过场。因此，即使是专家甚至是大师，也经常出现对同一概念有多种理解或模糊理解的情况。比如，美国科学哲学家托马斯·库恩对其最常用的、核心的“范式”概念就有几十种理解，在其著作的不同地方对此概念的理解也不同。

## 思考题

1. 什么是科学研究？
2. 如何理解教育研究及中小学教育研究的特点？
3. 举例说明教育研究的程序。
4. 如何理解教育研究的两个基本概念？
5. 尝试给一个自己熟悉的概念下定义。

# 第二章　问题与假设

## 第一节　选题的意义

科学家爱因斯坦有一段名言：提出一个问题往往比解决一个问题更重要。解决问题也许只是关注某个技能，但提出新问题或者是新的可能性往往是从新的角度去看旧的问题，这需要创造性的想象力，而且提出问题标志着科学的真正进步。

很多人能够很好地解决别人提出的问题，但自己却不会发现有价值的研究问题。对我国大部分学生和教师而言，教育在培养创新能力方面有欠缺，包括提出问题和发现问题的能力。

例如小学数学教师以往会表扬算得又对又快的学生，这虽然能培养学生快速解决问题的习惯和能力，但他们对问题本身的意义、价值，甚至成立与否缺少思考。例如，教师出示题目：一条船上有9头牛和18只羊，请问船长的年龄有多大？不乏成绩优异的学生回答“27岁”，学生解释道：18与9作四则运算后有四个答案，即2、9、27、162，这四个数中，只有27合理，故答案为27。然而并未有多少学生质疑题目的正确性。可见，对我国的教育工作者而言，提出好的研究问题具有更大的难度。

选择问题是科学研究过程的起点，也是研究者成功的关键。一般说来，确定问题就确定了研究的目标、主攻的方向。

具体而言，选题有如下意义。

### 1. 选题是教育研究的起点

研究的第一个程序就是选择研究问题，没有问题就无所谓研究。而所有的研究程序都是围绕选题展开的，问题决定了假设，也决定了采用什么样的研究方法。因此，一切研究源于问题，最终目的是解决问题；旧的问题解决了，可能会产生新的问题。人类的研究就是在不断解决问题的过程中前进和发展的。

### 2. 选题是研究水平、方向的体现

选题需要研究者有广博的知识、丰富的想象力、敏锐的观察力、果断的判断力和严密的逻辑思维能力。独立地发现、分析和选择问题是衡量研究者能力的一个重要指标。水平高的研究往往体现在研究者选择了具有创新性的问题。

人类的活动都是有目标的，教育研究也不例外，所以研究者一定要明确研究目标，即最终要解决什么问题。确定了选题也就确定了研究方向和目标。

# 第二节　选题的一般原则

## 一、需要性原则

需要性原则是选题的首要基本原则。“需要性”是指选择研究问题要面向教育实践的需要，面向教育科学自身发展的需要。南京师范大学吴康宁教授认为，教育研究问题的最高境界是做到社会需要与个人需要相结合，或者至少要满足二者中的一个需要。比如陈景润先生在当时社会既不重视科研也不尊重科研的艰难条件下一门心思研究“哥德巴赫猜想”，这是非常典型的满足个人需要的例子。当然，要把个人需要和社会需要完全区分开是很困难的，二者往往是相互交融的。

## 二、科学性原则

科学性原则强调选题要以唯物主义基本原理为指南，以科学实践反复证实的客观规律为基础。例如，教育要适应儿童的身心特点，不同年龄阶段的儿童年龄特征不同，教育及研究都要遵循儿童相应的年龄特征。例如“低幼年级儿童抽象思维能力的培养”研究课题违反了科学性原则。

## 三、创造性原则

创造性原则是指选择的研究问题要有独创性和突破性。创造性是科学研究的灵魂。创造性原则要求所选的问题在科学理论上有所发展和突破，或在应用上有所改进和创新，保证预期的研究成果具有一定的学术意义和应用价值。因此，选题应该是前人尚未涉及或已涉及但未曾完全解决的问题，且有个人独特的见解、观点或看法。创造性原则要求研究的成果至少要体现以下其中一个方面：一是别人没有提供过的成果，二是在别人的成果基础上有所发展，三是把具有普遍意义的成果转化为用于指导实践活动的策略与方案。

创新有大有小，一般而言，只要不是完全重复别人的研究，或多或少都有一定的新意。华南师范大学葛新斌教授认为，一项研究如果能体现以下“三个新”就算有创新了：一是研究资料比较新，二是采用的研究方法比较新，三是得出的研究结论比较新。这是所有研究者努力的方向。

## 四、价值性原则

选题必须考虑课题是否值得研究。华南师范大学姜凤华教授认为，价值表现为内部价值和外部价值两部分。内部价值是指对本学科的理论与实践具有发展突破和指导作用。外部价值是指对相关学科的理论与实践具有指导作用。例如，德育研究内部价值是对品德教育所起的作用，外部价值体现在对社会学、伦理学、哲学和心理学所起的作用；又如，物理教学的研究内部价值是对物理教学起的作用，其外部价值可以体现在对心理学认识论的作用上。

## 五、可行性原则

可行性原则是指确定选题时要考虑自身是否具备圆满完成该课题的主客观条件。再好的研究课题，如果不能按期完成，也是没有意义的。因此，研究者一定要考虑所选课题是否适合自己，可以主要考虑以下几个方面的条件。

①客观条件：如是否具备研究所需要的资料、设备、经费、时间、技术和人力等。

②主观条件：主要指自身是否具有研究该课题所需要的知识、能力、经验和专长等。

③时机条件：研究所选课题的时机是否成熟。

选题时要遵循以上五项原则，而且最好能同时满足。在五项原则中，需要性原则是选题最基本的原则，科学性原则是选题的生命，创新性原则是选题的灵魂，价值性原则是选题的关键，可行性原是选题的保证。

## 第三节 问题的主要来源

了解选题的原则后，尚无法直接选择问题，还应了解问题的来源。问题不会凭空出现，大多来自丰富的教育理论和扎实的教育实践。在实践和理论发展中最主要、最迫切需要解决的问题，是需要研究的问题。另外，还有一些其他的来源，详见以下几个方面。

### 1. 教育实践领域中存在的问题

教育实践中需要研究的问题无时不有、无处不在，关键是研究者是否有“寻找问题的意识”。有了问题的意识还不够，还要有发现问题的能力。

教育实践中可以研究的问题大到教育方针、政策、法规，小到课堂的教学、学生对某个单元的学习，很多问题值得研究。然而，并非每个问题都适合所有人研究。研究者要结合自身的教育实践，寻找适合自己的研究课题。比如，校长可以研究教育管理方面的问题，学科教师可以研究教学方面的问题，班主任可以研究学生管理方面的问题。另外，还有一些交叉问题、边缘问题，也可以作为研究课题。比如减负、学生学习积极性不高等。综合性问题，很多部门、人员都可以研究，不过侧重点不同。

要特别注意当前教育实践中的热点问题。既然是热点问题，其意义不言而喻，关键是如何解决这些问题。当然，研究热点问题也要选择自己熟悉的领域，不是每个热点问题都适合所有教师研究。比如，“一费制”问题需要研究者有一定的经济学背景，“学校事故的法律问题”需要研究者有一定的法律知识，“高考改革问题”需要研究者有一定的测量学知识。如何在自己的课堂上进行“研究性学习”这个课题是教师都可以研究的。

**2. 教育理论领域的来源**

教育理论必须联系实际，并能够指导实践活动。但由于教育理论的抽象性，任何一种教育理论都不可能完全指导某一种具体的教育实践。因此，在学习教育理论的过程中一定要结合实际，不能生搬硬套，照本宣科，尤其对国外的教育理论以及和自己文化、地域差异很大的地区教育理论，切忌直接运用。教育理论是需要验证的。

选题时首先要研究现有的教育理论，了解理论产生的背景、使用前提和范围，分析其有何优势，存在什么局限，能够解决什么类型的问题。比如，20世纪六七十年代美国一场新的课程改革影响全球，杰罗姆·布鲁纳作为这场改革的领袖提出了“教育过程”的理论，并倡导“发现式教学法”。这种教学方法能否移植到国内课堂呢？20世纪80年代，我国一些教育工作者也作了相关研究，发现使用“发现法”需要很多条件。学生的基础、教师的水平、课程内容的特点等多方面因素都会影响这种方法的使用效果，缺乏相应的条件强行使用该法只会导致“最终培养了少数尖子生，多数学生跟不上”这样一种失败的结局。在学习和使用别人的教学理论和方法时，很容易出现不顾前提和条件强行使用的问题。

作任何研究都有相关的研究资料（关于如何收集研究资料，本书将在下一章介绍），收集资料后要进行文献述评，具体包括两个方面：一是综述，二是评价。在评价的过程中，往往要找出现有理论和方法的不足以及已解决、未解决的问题，这也是选择研究问题的一个来源。

### 3. 各级科研主管部门选题指南

我国非常重视教育研究，各级科研主管部门都有相应选题指南。比如，“十四五规划”有教育方面的选题指南，针对规划中的课题进行申报，成功的可能性很大。即使未立项，只要坚持长期研究，也会得出有价值的研究成果，形成相对稳定的研究传统，为未来申报相关课题打下基础。

#### 4. 参加有关学术会议以及培训

选题的另一个来源就是尽可能参加一些学术会议，以及接受一些培训和进修。在与学术研究者特别是专家接触的过程中，要带有问题意识，从与专业人士交流的过程中可以发现适合研究的问题；带着自己的研究问题请教专家，往往会得到“听君一席话，胜读十年书”的启发，选题会更加明确和具体，研究思路也会豁然开朗。

问题的来源有很多，本书谈到的只是一般意义上的来源，实际上每个人所选择的研究问题又都是个性化的问题，受自身知识、能力、经历等多方面因素影响。找到一个问题可能是在读一篇文章的时候，也可能是和某人谈话的瞬间，还可能是听报告的顿悟。例如，笔者在华中师范大学读书期间，偶然看到莫雷博士关于能力结构研究的方法论以及他对中小学生语文阅读能力结构的系列研究，便想到可以尝试运用这套方法研究中小学生数学能力的结构，该选题也成为笔者博士论文选题的来源之一。笔者也有幸成为莫雷的首届博士生。回想起来，此选题的顿悟与自己有中学数学教学经历、统计学知识及对测量学的兴趣等方面因素有关。所以，虽然有了选题的意识和背景并不一定能够马上找到问题，但要找到问题一定不能缺少这些条件。

# 第四节 选题的程序

## 一、确定研究领域

选择所研究问题的领域一般要遵循选题的基本原则，以及根据个人研究的兴趣、专业特长。研究者可以从广大的研究领域中，经反复衡量后确定一个研究领域。

研究领域可大可小，一般而言，初学者选择的研究领域宜小不宜大，最好是自己感兴趣且擅长的领域。例如，对评价问题感兴趣的数学教师可以选择数学教学评价领域，领域小也可以做出研究，每年关于阅读问题的博士论文不下百篇。小的研究领域才能深入地进行研究。当然，研究的时间长了、成果多了，可以慢慢扩大自己的研究领域。

## 二、查阅有关资料

研究领域确定后，要开始查找研究文献。阅读相关文献不仅是发现问题的方法，也是避免重复研究的方法，从文献中可了解到研究领域中有哪些问题是已经解决的，哪些问题是尚未解决的。在一个研究领域之内有无数问题有待研究，研究者可进一步明确研究什么问题，也就是把研究的范围缩小。这是一个由大到小、由远及近、由抽象到具体的一个过程。比如前述的研究数学教学评价这个范围里的问题，可以是研究数学教师“教”的评价，也可以是研究学生“学”数学的评价；可以是教学过程中的评价，也可以是教学结束的评价；可以采用质的方法进行评价，也可以采用量的方法进行评价；还可以研究某一类型的课程的评价，抑或是研究某一种数学能力的评价，如解决问题的能力。即使是一个小的研究领域也可以找到很多研究问题。

## 三、界定与陈述研究问题

在阅读文献的基础上，要进一步明确研究问题，最后界定具体研究问题。该过程通常被形象地比喻为“从体到面，从面到点”。

界定研究问题的结果是把问题陈述清晰，一般采用陈述句的形式，使读者一看研究问题就明白研究内容。陈述研究问题要反复斟酌，尽量多征求别人的意见，特别是专业人士的意见。清楚界定研究问题的前提是研究者已经明确研究问题。

衡量一个研究问题的好坏可参考以下标准。

（1）有意义。

研究的问题一定要有意义，通常要有理论意义与实践意义，个人意义与社会意义，等等。但有意义这条标准比较模糊，往往能自圆其说就可以了，千万不要夸大研究的意义。

（2）可行。

主要衡量研究问题是否适合，即凭目前条件和水平能否完成这项研究。比如，想要进行中美学生学习方式的比较研究，但研究者根本不了解美国的状况，也无法去美国，又不懂英文，这个问题就不适合了。判断一个问题是否可行还要更进一步地考虑研究的过程是否可以落地。

（3）有创新。

创新程度可大可小，研究问题的新意与创新程度不一定相关；提出一个新的问题是创新，从一个新的角度去研究别人研究过的问题也是创新。

（4）具体明确。

该标准是一个最明显的判断标准，但涉及具体问题时却往往难以判断，因为一个问题是否具体明确往往不是从题目上直接看出来，要依据研究过程来判断，从题目只能大致判断问题是否明确。比如，“素质教育研究”这个选题就不明确，该题目无法得知具体研究素质教育的什么内容，是研究概念、实施程序、如何评价，还是研究素质教育与应试教育的关系；实际上它只是一个研究范围。再比如，“学生课外活动方式研究”选题就相对明确，但还可以更进一步明确，是研究什么类型的学生；主要研究哪些课外活动方式；是研究活动方式，还是研究每种方式的利弊。又比如，“学生课业负担研究”就没有“中学生学业负担过重的因素分析”明确。“父母养育方式与高中生的自尊”就是一个相对明确的研究问题。

选题之所以复杂、困难在于它不只是一个一般性的问题，更是一个一般性加上特殊性，甚至以特殊性为主的问题。所以，即使把所有的关于选题的原则、途径和技巧等研究方法都倒背如流，也可能还是找不到一个适合的研究问题。对所有的研究者来说，选题是一个永恒的难题，对新手更是如此。因此，除了了解上面所说的一般内容外，最重要的是在实践中练习。只有迈出第一步，后面的路才会越来越宽、越来越顺。

# 第五节　假设的提出

选题明确之后，就要提出研究的假设。不管有没有明确写出假设，一项研究都很难回避这个环节。假设是研究者综合以往研究，基于自己的经验和能力，对所研究问题的一个预先判断。如果假设得到验证，问题就解决了；否则，要提出新的假设。

## 一、假设的基本特征

### （一）具有一定的猜测性、假定性和或然性

任何假设都带有猜测和假定，其结果是或然的。因此，假设是需要验证的，而验证假设的过程实际上就是研究的过程。

### （二）具有一定的科学依据

任何假设虽然都是猜测的，但要有一定的事实或理论根据，并能解释与它有关的事物和现象。也就是说，假设并非胡乱猜测，一定要有根据。

教育研究假设的依据主要从两个方面考虑：一是理论依据，二是实践支持。比如，“高中生数学能力的性别差异研究”这一选题，假设可以是“男女生的数学能力有显著差异”。主要理论依据是心理学中对男女生智力差异的研究，研究表明男女生的数理能力

有显著差异①，但这种差异要到一定年龄阶段才表现出来，即到初中学习了平面几何之后会出现一次男女数学成绩的分化。此外理论依据来源于实践经验，笔者任数学教师期间，经验表明男生数学成绩会好一些。所以，当需要提出假设的时候，研究者必须要依据理论和实践。

### （三）可验证性

研究者提出的假设必须是可以加以验证的。不能加以验证的假设，无法进行科学的研究。可验证性隐含了可重复性，即在相同的条件下可得出相同结果。如果一种现象只能出现一次，误差会很大。

### （四）多样性

在科学发展中，同一现象及其规律可以出现两种甚至多种不同的假设。多样性实际上是一种可变性。

## 二、假设的成因和形成途径

### （一）假设的成因

假设的成因主要是实践发现和理论突破两个方面。

#### 1. 实践发现

在实践中，人们发现某种全新现象或开辟出某个新的领域，没

① 胡中锋，李方. 教育测量与评价[M]. 广州：广东高等教育出版社，2006.

有现成的理论或学说对其加以解释，需要提出全新的解释。

**2. 理论突破**

理论产生了新的突破，并运用于相关领域，对已知现象作出新的解释，对未知现象提出猜测，由此形成新的假设。

### （二）途径

假设的形成途径有三个阶段。

第一阶段：发现问题。问题是科学假设产生的动因，科学假设的逻辑起点是问题。

第二阶段：搜集材料。搜集、整理有关该科学问题的事实材料，运用创造性思维，对该问题做出初步解释和假定性推测。

第三阶段：论证观点。从初步假定和推测性说明出发，利用各种相关材料，采用各种有效方法，对假说的基本观点进行论证，进而形成一个有结构的知识体系。

## 三、如何提出假设

假设不是凭空提出来的，要有理论依据和实践支持，研究者在提出假设时要重点考虑理论依据和实践支持这两个方面，此外还要注意一般的技巧问题。

**1. 理论依据方面**

（1）采用类比思维的方式提出假设。在类比的过程中要比较前提条件是否满足或者接近，否则不能直接类推已有研究的结论作为假设。比如，在企业有效的管理理论就不一定适合教育的管理；在国外成立的教育理论不一定适合中国教育；对大学生进行的研究，不一定适合中小学生。

（2）采用“否定条件的思维方式”提出假设。一般假设的形式是“若A，则B”，那么其等价命题是“若非B，则非A”，否定条件的思维方式则是假设“若非A，则非B”。也就是考虑如果具备此条件能得出此结论，那么否定此条件能否得出相反的结论呢？原命题成立，其否命题不一定成立，所以这里只是提出假设的思维方式，还需要验证假设。

### 2. 实践支持方面

主要采用观察、访谈、经验总结以及归纳和概括等方法。这里主要靠研究者对实践的把握，同时要求征求有关人员的意见，将集体的经验归纳和概括成某种理论假设。

### 3. 一般性的技巧问题

可以从“差异性”的角度来考虑假设，这和研究问题有关，一般研究者都希望结论能有显著差异。比如，研究男女生的性别差异，一般假设有差异；又如研究学校的组织气氛与教师工作满意度关系，一般假设二者之间有显著相关。选题应该从寻找现存的关系入手，而不是研究这两个事物没有联系。当然，不是说没有关系就没有研究的价值，有时能证明两个事物没有关系也是有意义的。但假设的提出首先应该是从有差异的角度来思考。

要说明的是，有些研究完全是探索性的研究，可以不提出假设，也很难提出假设，但在探索性研究的基础上如果能再进行验证性的研究，那就更加完美了。

## 思考题

1. 结合自己的工作经验，选择一个研究问题，并提出假设。

2. 用衡量研究一个问题的四个标准，对“学生学业负担研究”这个选题进行评价。

# 第三章 文献分析法

## 第一节 教育文献概述

教育文献的查找与分析在教育研究的过程中是必不可少的，有非常重要的作用。开展任何一项研究都必须基于对其他研究者研究成果的了解。一项课题的选择、初步论证、制订研究计划、搜集分析相关研究资料直至最终形成研究报告，每一环节都和相关教育文献的查找与分析密切相关。所以，教育文献的查找与分析工作将直接关系研究的速度、质量以及能否出成果。[①]本章主要介绍作为教育工作者如何进行教育文献的查找与分析工作。

### 一、教育文献的基本概念

教育文献作为记录教育知识的载体，由知识内容、物质载体和记录方式这三个基本要素构成。[②]它是指一切用各种符号形式保存

① 卓挺亚．教育科学研究方法[M]．海口：南海出版公司，2003：78.

② 张白影．文献信息检索通用教程[M]．广州：广东高等教育出版社，2003：5.

记录下来的，对教育研究有一定历史价值和资料价值的文献材料，是以文字、图形、符号、声频、视频等手段记录和传播知识的载体。文献具有三个基本属性，即文献的知识性、物质性和记录性。它具有存储知识、传递和交流信息的功能。文献形态多种多样，如图书、期刊、学位论文、科学报告、档案、实物形态的音像资料与微缩胶片，以及计算机使用的磁盘、光盘、其他电子形态的数据资料等。[①]

## 二、文献查找在教育研究中的作用

不管从事何种性质、类型的教育研究，其具体的研究过程以及最终研究成果的获得都必然与研究者对相关文献资料的查找和分析密切相关。一项完全没有相关文献资料基础的教育研究很难顺利展开，研究者必须高度重视这一环节。文献查找在教育研究中的作用大致包括以下五个方面。

### （一）帮助研究者界定研究问题

教育文献资料为选题提供了理论依据和动态资料。通过查阅有关文献，可搜集到现有的与这一特定研究领域的有关信息，了解该课题所涉及领域内他人的主要研究成果、所达到的研究水平，研究的重点、方法、经验和问题，明确哪些问题已基本解决，哪些问题还有待进一步修正与补充，对所要研究的问题做出系统性、评判性的分析，继而进一步地明确研究课题的科学价值，寻求自身研究的

① 杨小微. 教育研究的原理与方法[M]. 上海：华东师范大学出版社，2002：214.

突破口。在明确了研究工作的起点后，研究者要从详细的文献资料中分析和比较，进一步缩小研究范围，找出相对更为集中的变量范围，选择研究客观条件、可操作性强并极有可能取得明显效果的研究变量，明确界定研究问题和相关变量，完善研究设计和具体操作方案，切实选定具有较高研究价值的前沿课题。

### （二）帮助研究者寻求研究的新思路

文献资料反映了国内外研究学术思想和最新成就，是了解科研前沿动向并获得新信息的有效途径。通过查阅文献，了解国内外其他研究者的最新理论和研究方法，从过去和现在的有关研究成果中获得启示，研究者可以较为迅速、全面地掌握相关课题的渊源和前沿动态，找到课题研究的新线索，并在这一领域拓展出新的研究思路。

### （三）帮助研究者避免无效的研究方法

研究者通过查找与分析教育文献资料，对前人的研究方法进行总结，可以最大限度地避免不必要的重复研究。同时，从其他研究者的研究方法和方案设计中，也可以吸取经验，避免犯同类错误，借鉴并创新出更具可行性和更有效的研究方法和方案。

### （四）帮助研究者判断进一步研究的意义

由于文献资料掌握不充分而导致的选题重复或重复性研究这一现象一直困扰着教育研究者。国内的相当比例的教育研究项目尚处于立项阶段，国外已经出了研究成果。这种情况不仅浪费了大量人力、物力、财力和时间，客观上也直接导致了教育研究长期在低水平重复进行的状态徘徊不前。通过对国内外研究的历史文献资料和最新研究成果的借鉴学习，研究者可以从已有的文献资料中得到启示，进一步明确对该项课题的研究是否有意义，有怎样的意义；避免重复前人的观点，将精力集中于最有意义的选题上，最大限度地增加研究的可行性和适用性。查阅相关教育文献，还有助于研究者获得一两个关于如何修改或改进研究问题的想法。[①]

### （五）帮助研究者寻求建立新理论的支持

通过查阅文献资料，全面分析已有材料，可以最大限度地了解国内外最新的理论和研究方法，及时跟踪相关课题的研究发展动向，获得启发，并且可以为更科学地论证自己的论点，更好地解释研究结果提供极具说服力的、翔实可靠的事实和数据资料，从而为建立新理论提供扎实的材料基础和数据支持。

## 第二节　教育文献类型及主要分布

### 一、教育文献的类型

由于教育文献种类繁多、各具特色，不同类型的教育文献所记载的信息内容也各有侧重。因此，研究者要了解文献的级别、类型、特点等知识，这对于进一步做好教育文献的查找工作有很大的

① 弗林克尔，瓦伦．教育研究的设计与评估[M]．北京：华夏出版社，2004：72.

帮助。依据不同标准，教育文献可以划分成以下几种类型。

### （一）按文献的载体形式来划分

**1. 印刷型（printed form）文献**

通过铅印、油印和胶印等手段，将知识固化在纸上而形成的一类文献，包括图书、期刊和各种印刷资料等。它是一种传统的文献形式，特点是不需要特殊设备，可以随身携带，随时随地阅读。但存储密度小，体积大，占据空间大，不便于保存。

**2. 缩微型（microforms）文献**

以感光材料为载体，通过光学摄影方式将文献的影像固化在感光材料上形成的一类文献，包括缩微胶卷和缩微平片等。缩微型文献的优点是体积小，便于收藏和保存，价格便宜等，但需要有较复杂的阅读设备来支持。

**3. 声像型（audio-visual form）文献，即视听型文献**

通过特定设备，使用声、光、磁、电等技术将信息转换为声音、图像、影视和动画等形式，给人以直观、形象感受的知识载体，包括唱片、录像带、影视片等。其优点是存取快捷，可闻其声、见其形，易理解。

**4. 电子型（electronic form）文献，原称机读型（machine readable form）文献**

它通过计算机对电子格式的信息进行存取和处理，采用数字技术将信息存储在磁盘、磁带或光盘等一些媒体中，形成多种类型的电子出版物。这种文献存储容量大，检索速度快，使用方便。随着网络技术的迅猛发展和普及，电子型文献越来越受到人们的广泛重视。

#### 5. 多媒体（multi-media）文献

它采用超文本（hypertext）或超媒体（hypermedia）方式，把文字、图片、动画、音乐、语言等多种媒体信息综合起来；其在内容表达上具有多样性与直观性，并且有人机交互的友好界面。

### （二）按文献的级别或加工深度不同来划分

#### 1. 零次文献（non-printed sources）

作为一种特殊形式的情报信息源，它是指未经出版发行或未进入社会交流（包括一些内部使用，通过公开正式的订购途径无法获得的书刊资料）的最原始文献。零次文献一般是通过口头交谈、参观展览、参加报告会等途径获取，在内容上有一定的价值，而且能弥补一般公开文献从信息的客观形成到公开传播之间费时甚多的弊病。它包括传统的私人笔记、手稿、个人通信、考察记录等，以及现代的电子邮件（E-mail）、电子公告板文章（BBS）等。

#### 2. 一次文献（primary sources）

人们直接以自己的生产、科研、社会活动等实践经验为依据生产出来的文献，也常被称为原始文献（或一级文献）。它是直接记录事件经过、研究成果、新知识、新技术的文献，具有创造性。其所记载的知识、信息比较新颖、具体、详尽，有很高的直接参考和借鉴使用价值。一次文献在整个文献中是数量最大、种类最多，包括新鲜内容最多、使用最广、影响最大的文献，如期刊论文、专利文献、科技报告、会议录、学位论文，技术标准等。这些文献具有创新性、实用性和学术性等特征，是进行文献对比分析的主要依据。

**3. 二次文献（secondary sources）**

二次文献也称二级文献，指对大量分散、零乱、无序的原始文献进行加工整理，使之系统化、条理化，以便查找所需的检索性文献；是报道和查找一次文献的检索工具书或期刊。一般包括目录、题录、简介、文摘和索引，如《中文科技资料目录》《中国科技期刊数据库》等。二次文献具有明显的报告性、汇编性和简明性，是对一次文献的认识。二次文献的重要性在于使查找一次文献所花费的时间大大减少，是检索教育文献的主要工具。

**4. 三次文献（tertiary sources）**

三次文献也称三级文献，是根据二次文献提供的线索，选用大量一次文献的内容，进行广泛、深入的分析研究，经过筛选、分析、综合和浓缩而再度出版的文献。三次文献包括三种类型：一是综述研究类，如传体述评、动态综述、总结报告等；二是参考工具类，如年鉴、手册、百科全书等；三是文献指南类，如索引与文献服务目录、工具书目录等。三次文献对现有成果加以评论、综述并预测其发展趋势，浓缩性高、覆盖面宽、信息量大、内容新颖，有综合性和可参考性的特点，具有较高的实用价值。在教育研究工作中，可以充分利用反映某一领域研究动态的综述类文献，在短时间内了解其研究历史、发展动态、发展水平等。

## 二、教育文献的主要分类

教育文献资料的分布非常广泛，教育研究者要对这些文献资料的来源有基本的了解。它们通常集中于图书馆、档案馆、博物馆、科学研究机构和学校等单位。如今，教育文献资料的另外一个重要的来源是互联网。教育文献资料主要有以下几类。

### （一）图书（book）

论述或介绍某一学科或领域知识的出版物，包括名著要籍、教育专著、教科书、资料性工具书（如教育辞书和百科全书）及科普通俗读物等。

### （二）期刊（journal）

有固定名称、统一出版形式和一定出版规律的定期或不定期的连续出版物。与图书相比，它出版周期短，刊载速度快，内容新颖、丰富，论述深入、发行量大、影响面广，且反映了学术界当前最新研究成果。所以，它是科学研究的主要参考资料。国内有关教育研究的期刊除《教育研究》《课程·教材·教法》等教育研究综合期刊外，还有各学段、各学科的教育教学期刊，如《语文教学与研究》《中学数学教学》等，此外还有各省市教育行政部门的教育杂志，如《北京教育》《上海教育》《江苏教育》，以及各师范院校学报、中国人民大学报刊复印资料等，这些都是教育研究的重要参考资料。

### （三）会议文献（conference literature）

在国际和国内重要的学术或专业性会议上发表的论文、报告。学术或专业性会议是当代学术界进行学术交流的重要形式之一，包括在学术会议过程中及会前、会后发布的有关论文、会议报告、纪要等。会议文献的主要特点是传播信息及时、论题集中、内容新颖、专业性强、质量较高，往往反映了一门学科某一领域的研究动向和研究成果，代表了国内外最新学术的发展水平。学术会议提供的文献已成为教育研究资料的一个重要来源，国内的“科技会议论文数据库”可供检索。

### （四）科技报告（scientific and technical report）

科技报告是国家政府部门或科研生产单位关于某个课题研究所取得的成果的正式报告，或是对该课题研究过程中阶段性进展情况的记录报告。科技报告自20世纪20年代产生以来，发展迅速，已成为继期刊之后的第二大报道科技最新成果的文献类型。从报道的内容看，科技报告大多都涉及高、精、尖科学研究和技术设计及其阶段进展情况，其特点是单独成册，所报道成果一般必须经过主管部门组织和有关单位审定、鉴定，内容专深、可靠、详尽，而且不受篇幅限制，可操作性强，发布迅速。

### （五）专利文献（patent document）

发明人或专利权人申请专利时向专利局所呈交的一份详细说明

发明目的、构成及效果的书面技术文件；经专利局审查，公开出版或授权后的文献。广义的专利文献还包括专利公报（摘要）及专利的各种检索工具。它的特点是数量庞大、发布快、学科领域广阔、内容新颖，具有实用性和可靠性。

### （六）标准文献（standard document）

标准化工作的文件，是经过公认的权威部门批准的标准化工作成果，是技术标准、技术规格和技术规则等文献的总称，主要为有关工业产品和工程建设的质量、规格及检验方法的技术规定文件。其主要特点是能较全面地反映标准制定国的经济和技术政策，技术、生产及工艺水平，自然条件及资源情况等；能够提供许多其他文献不包含的特殊技术信息。它们具有严肃性、法律性、时效性和滞后性。检索国内标准文献的检索工具主要有《中国标准化年鉴》《中华人民共和国国家标准目录》《中华人民共和国行业标准目录》《中国标准数据库》等，检索国外标准文献的检索工具主要有“国际标准文献数据库”、美国国家标准等。

### （七）学位论文（thesis）

学位论文指高等院校、科研单位的研究生为申请硕士、博士等学位而提交的学术论文。学位论文是非卖品，除极少数以科技报告、期刊论文的形式发表外，一般不公开出版，仅由学位授予单位和国家指定单位收藏。它的特点是理论性、系统性较强，内容专一，阐述详细，具有一定的独创性，是一种重要的文献信息源。国内收藏硕士、博士学位论文的指定单位是中国科学技术信息研究所、国家图书馆、中国社会科学院。检索国内学位论文可以利用“中国学位论文数据库”，检索国外学位论文可利用PQDT-B（ProQuest数字化博硕士论文文摘数据库）、NDLTD学位论文库等。

### （八）产品资料（product literature）

产品资料指产品目录、产品样本和产品说明书一类的厂商产品宣传和使用资料。

### （九）技术档案（technical records）

科研生产活动中所形成有具体事物对象的技术文件、图纸、图表、照片和原始记录等的总称。技术档案是用来积累经验、汲取教训的重要文献，一般均为内部使用，不公开出版发行，因而在参考文献和检索工具中极少引用。

### （十）政府出版物（government publication）

政府部门及其设立的专门机构出版的文献。政府出版物的特点是内容可靠，与其他信息源有一定重复。借助政府出版物，可以了解国家的科技政策、经济政策等，而且对于了解其科技活动、科技成果等有一定参考作用。

# 第三节　教育文献查找

## 一、教育文献查找要求

教育文献的检索或查找是根据具体的研究目的搜索所需要的文献。它包含几个方面的要求，可以简要地概括为：准、全、高、快。所谓“准”指应准确查找所需资料，即要具有较高的查准率。“全”指高的查全率，即搜索的资料不仅有正面的、也有反面的，既有纵向的、也有横向的，既有中文的、也有外文的，既全面又系统。“高”指情报的多样性及资料的专业化程度高。“快”指检索速度快，检索效率高。一个准确度高、有价值的情报资料，如果检索速度慢了，效率太低，耽误了时机，就会失去它原有的应用价值。

## 二、文献查找基本步骤

在进行文献查找的过程中，可以遵循下列步骤。

### （一）明确检索的目的和要求

当需要检索或查找文献资料时，研究者要明确查找的目的和要求，一定要清楚需要什么，不需要什么。研究者通过认真分析课题，确定所需文献的主题内容、问题类型、时间跨度、载体类型等。研究者的方向、目的越明确、检索范围越具体、掌握的线索越多，对所需文献资料的查找就越有利，查找的针对性也就越强。明确检索的目的和要求是文献查找最重要的一步，直接决定检索效率的高低。

### （二）确定检索工具和信息源

检索工具应比较完备汇集某一方面的资料，按照特定的方法加以编排，供研究人员查找数据、事实和文献线索。它是查找文献资料的一种有效手段。任何一种文献资料的查找都离不开检索工具。研究者要根据具体检索课题的主题选择合适的检索工具。研究者应当结合现有条件，考虑检索目的、专业范围、信息类型、课题内容、文献来源等因素，运用自己熟悉的检索工具和可利用的信息源进行相关教育文献的查找。

文献检索工具种类繁多，研究者对检索工具选择的准确与否直接影响检索文献的效果。教育研究者应当了解与教育研究有关的文献检索工具的特点和性能。后面的章节将专门介绍一些常用的文献检索工具。

研究者在选择检索工具时不仅要注重权威性，还要注意选择针对性强的专业性检索工具。同时，既要利用常用检索工具，也要利用与课题密切相关的冷门检索工具。

### （三）确定检索途径和方法

研究者要确定选择某种途径和方法来进行教育文献检索。

#### 1. 检索途径

研究者根据检索工具的具体情况选择检索途径。检索途径是指查找文献资料的入口点。一般包括分类检索途径、主题检索途径、引文检索途径、著者检索途径、代码检索途径等。有关具体的检索途径将在本节后面的论述中作进一步介绍。

**2. 检索方法**

在教育文献资料的检索或查找过程中，采用的检索方法既要根据课题性质和具体研究目的而定，也要根据可使用的检索工具而定。一般来说，主要的检索方法有下列三种。

（1）常用法（工具法）。

直接利用目录、题录、文摘或数据库等检索工具（系统）查找文献信息，这是文献检索中最常用的一种方法，也称工具法。它又可分为顺查法、倒查法和抽查法。

顺查法指按时间顺序，利用检索系统进行文献信息检索的方法。这种方法能收集到某一课题的系统文献，适用于较大课题的文献检索，能达到较高的查准率，获得的信息情报较为系统、全面，基本上可以反映某学科专业或某项课题发展的全貌，适合综合分析、决策依据等需求。例如，如果已知某项研究成果最初产生的年代，现在需要了解它的全面发展情况，就可以用顺查法。按照时间顺序，从最远年代开始，一年一年地往近期查找。①

倒查法（逆查法）指逆时间的顺序，由近及远、从新到旧地利用检索工具（系统）进行文献信息检索。此法的重点是放在近期文献上。使用这种方法可以最快地获取最新资料。此法多用于查

① 蒋永新，鲍国海，赵伯兴，等．人文社会科学信息检索教程[M]．上海：上海大学出版社，2005：27.

找新课题或有新内容的旧课题，基本上获得所需信息时即可终止检索。倒查法速度较快，时效性好，适用于对准确性要求较高的检索任务。

抽查法针对项目的特点，选择有关该项目的文献信息最可能出现或最多出现的时间段，利用检索工具进行重点检索。这是一种利用学科发展的波浪性特点查找文献的方法。抽查法针对性强，节省时间。但研究者必须熟悉学科发展阶段，若是时间段选择不当，极易发生较大的漏检，严重影响检索效果，有一定的局限性。

（2）追溯法（引文法）。

利用已有文献所附的参考文献，逐一追查原文，再从这些原文所列的参考文献逐一追查，不断扩大检索线索，从而获得一批相关文献信息的查找方法。[①]在缺乏相关检索工具，或是现有检索工具不齐全、不适用时，追溯法的优势显而易见，但单一地运用这种方法来检索文献，不仅耗时耗力，而且极易发生漏检和误检。

（3）循环法（分段法或综合法）。

交替使用常用法和追溯法来进行检索的综合方法。先利用检索工具查找一批文献，再以这些文献末尾的参考目录为线索追溯查找相关文献，如此循环进行，直到满足要求为止。循环法兼有常用法（工具法）和追溯法（引文法）的优点，可以查到较为全面而准确的文献，是实际研究中采用较多的方法。这种方法的优点是当检索工具缺期、缺卷时，研究者也不受影响，连续获得所需年限以内的文献资料。

① 蒋永新，鲍国海，赵伯兴，等．人文社会科学信息检索教程[M]．上海：上海大学出版社，2005：27.

### （四）获得原始文献

通过阅读已掌握的相关教育文献资料和判断检索需要，研究者准确记录题名、作者、出处，利用各种馆藏目录或联合目录查找以获取原始文献，或者直接通过网络数据库的全文链接获取原文。获得原始文献是整个文献查找的最后一步，同时也是非常重要、不可忽视的一步。

## 三、文献检索的基本途径

文献检索可分为两大类型：手工检索和计算机检索。

检索途径是研究者与检索工具建立联结的媒介，也是查找信息的入口。

### （一）手工检索

用人工查找和处理所需信息的检索方式是手工检索，简称手检。手工检索是文献检索的基础，它不需要任何的辅助设备，只需要检索者利用目录、索引、文摘、题录等检索工具即可。它方便、灵活，可随时修改检索策略，且查准率较高，但检索效率较低，极易出现漏检现象，不宜进行复杂概念课题的检索。①

手工检索通过以下几个途径来查找文献。

① 蒋永新，鲍国海，赵伯兴，等．人文社会科学信息检索教程[M]．上海：上海大学出版社，2005：21.

### 1. 分类检索途径

分类检索途径是按照文献资料所属学科（专业）类别进行检索的途径，依据检索工具中的分类索引。一些检索工具，如《中文科技资料目录》，就是分类编排的，研究者可以按照类别进行查找。

### 2. 主题检索途径

主题检索途径是一种主要的检索途径，是通过文献资料的内容主题进行检索的途径，依据各种主题索引或关键词索引，检索者只要根据项目确定检索词（主题词或关键词），便可检索。运用主题检索途径进行文献查找时，关键在于分析项目、提炼主题概念，运用词语来表达主题概念。准确地确定相关课题的主题词或关键词是重中之重。在本书后面的章节将专门介绍如何确定关键词。

### 3. 著者检索途径

著者检索途径是根据已知文献著者来查找文献的途径，依据著者索引，包括个人著者索引和机关团体索引。

### 4. 代码检索途径

利用代码（代码编排的）索引进行的检索。在了解文献特有的编号情况下，根据文献代码的序号进行排检，例如专利号索引、标准号索引等。

### 5. 其他检索途径

其他检索途径是指利用检索工具的各种专用索引来检索。专用索引的种类有很多，常见的有文摘检索途径（论文、图书的摘要或内容提要）；引文检索途径，即参考文献；基金检索途径，如国家自然科学基金项目等。

## （二）计算机检索

利用计算机和一定的通信设备查找所需信息的一种检索方式，简称机检。它需要计算机、系统软件、应用软件和数据库等一系列配套的辅助设备。研究者只要在计算机上输入检索要求，就可以立即得到所有相关的书目、篇名及出处。计算机检索具有速度快、效率高、查全率高等特点。与手工检索相比，它可以直接将检索结果打印出来，并且可以同时检索多个关键词。目前使用广泛的计算机检索系统包括联机检索系统、光盘检索系统和互联网检索系统。

### 1. 联机检索

将用户检索终端与计算机数据库系统连接，运用一定的指令和检索策略进行“人机对话”，进而查找出所需的文献资料。美国联机检索系统是最常用、规模最大的综合性国际联机检索系统，收录内容涵盖书报、期刊论文、学位论文、专利文献等多种类型的文献资料。联机检索具有查全率高、检索速度快的特点。教育研究者最经常使用的数据库是教育资源信息中心（The Educational Resources Information Center，简称“ERIC”）。通过计算机可以在这个数据库中检索1966年以后的资料。ERIC发行两种初步资料：《教育期刊索引》（CIJE）和《教育资源》（RIE）。其他常用的数据库包括心理学摘要、超常儿童教育资源和综合性学生论文索引（Comprehensive Dissertation Index）等，可以在洛克西德（Lockheed）检索系统中找到。在大多数图书馆中也可以获得有关这些数据库的资料。[①]

### 2. 光盘检索

通过光盘可随时存取和快速检索相关文献资料，其制作成本相对较低，不易受病毒感染，便于长久保存。在具备理想数据库的前提下，使用光盘检索非常方便、有效，可以作为联机检索系统的补充。

### 3. 互联网检索

随着网络技术迅猛发展，利用互联网检索相关文献资料已成为简便、有效的检索方式。研究者足不出户即可获得全球信息资源。然而，在浩瀚无边的网络信息中要想迅速、准确地查找所需信息也绝非易事。研究者需借助网络搜索引擎，熟悉一些常用的教育网址。

互联网查找资料的途径主要有两大类。

（1）分类目录链接。

该类属于分层检索，即按照树形结构，从主页的根目录链开始点击，逐级深入，直至到达所需网页为止。

（2）关键词查找。

在搜索框中直接输入选定的关键词进行快速查找。关键词是指

---

① 弗林克尔，瓦伦．教育研究的设计与评估[M]．北京：华夏出版社，2004：86．

从文献资料的题目、正文或摘要中抽出的能表达文献主题内容的具有实质意义的词语。在文献数据库和搜索引擎中使用的关键词是由计算机通过统计词频自动产生的，具有随意性和自然性的特点。但这种特点使研究者在使用检索结果时对所有可供使用的词语难以考虑全面，极易造成漏查现象。

确定关键词可以遵循以下三个主要步骤。①

①分析课题，提取概念。研究者对课题仔细分析，特别要分析课题所涉及的事物名称，包括研究的主要手段、方法、目的等，所有这些事物名称都可以作为课题概念提取的对象。

②整理概念，扩充同义词汇。将通过分析所获取的概念进行整理归纳，分成若干组面，对每一组的概念用同义词、近义词等予以扩展。使用扩充以后的同义词作为查找关键词的检索词可以最大限度地避免漏检情况。

③试查词汇，确定关键词。将分析所获取的词汇在所选择的检索工具中进行试查，利用检索结果检验分析所得到的词汇的实际查找效果，进而确定最终适合所研究课题的关键词。

## 四、常用的文献检索工具

常用的文献检索工具主要涵盖以下几种类型。

### （一）目录

目录是检索工具中历史最悠久、使用最广泛的检索工具。它

① 蒋永新，鲍国海，赵伯兴，等．人文社会科学信息检索教程[M]．上海：上海大学出版社，2005：36.

是标示图书或其他出版物外表特征的系统化检索工具，以文献的“本”“种”为报道单位。每一个条目的著录项有书（刊）名、卷（期）数、作者、出版地、出版年月及书（刊）收藏情况等内容。按出版物的类型划分，有图书目录、期刊目录和文献资料目录；按检索途径划分，有书名目录、著者目录、分类目录和主题目录等。常用的检索目录有“全国中文期刊联合目录”和《外文图书总目录》等。

### （二）题录

题录是描述文献外部特征（如文献题名、著者姓名、文献出处等），以内容上的独立文献单元为著录单元，快速报道文献信息的一类检索工具。题录是在目录的基础上发展起来的，在揭示文献的内容上比目录更进一步。著录项通常包括篇名、著者（或含其所在单位）和来源出处。题录与目录的主要区别是著录的对象不同。目录著录的对象是单位出版物，题录著录的对象是单篇文献。

### （三）文摘

文摘即文献摘要，是将论文的主要论点简明摘录出来，分门别类进行整理，供读者查阅使用的一种检索工具；文摘是扩展了的题录，它不仅描述文献的外部特征，也描述文献的内部特征，并按一定的著录规则与排列方式编排。文摘有多种类型，按照文摘的编撰人分类，可分为著者文摘和非著者文摘。著者文摘是指原文著者编写的文摘，非著者文摘是由熟悉本专业的文摘人员编写而成。按摘要的详简程度可分为指示性文摘和报道性文摘。指示性文摘以最简短的语言写明文献题目、内容范围、研究目的和出处，实际上是题目的补充说明，一般为百字；报道性文摘以揭示原文论述的主题实质为宗旨，要求做到基本反映原文内容、讨论范围和目的、研究手段和方法以及所得结果与结论，同时也包括所使用的有关数据或公式，一般为500字左右，重要文章可达千字。文摘是查找最新资料的检索工具，利用文摘可以迅速掌握学术信息。较常用的有中国人民大学书报资料中心出版发行的《复印报刊资料》，它从全国上千份报刊中选材，按学科或门类编成上百个专题，既方便又实用。

### （四）索引

索引是根据一定的需要按一定顺序把散见于图书报刊的论文篇目、作者姓名、刊物名称及期刊号整理编纂，提供文献线索的一种检索工具。查找索引可以使研究者在短时间内了解学术前沿动态。索引按文献类型可分为期刊索引、报纸索引、书籍索引、论文索引等；按文献排检方式可分为字顺索引、分类索引、主题索引。索引条目一般有三个著录项：项目（标识）、说明语和存储地址。

### （五）参考工具书

参考工具书是以特定的编排方式，从众多的书籍中搜集并编辑有关内容成条目，专门供读者查找的文献，一般包括字典、词典、百科全书、年鉴等，例如《中国教育年鉴》。

### （六）国内外期刊

国内外期刊出版周期短、信息量大，能够快速、及时地反映学术前沿，在教育研究中占据重要地位。研究者要经常查阅重要的国内外期刊，以便掌握研究课题的相关信息和科研动态。

## 第四节 教育文献的分析

通过前几节的介绍，教育文献资料的查找或检索的基本步骤和基本途径已明晰，但研究者在完成了对教育文献资料的查找后，工作还未完成。面对搜集到的杂乱文献资料，还要进行仔细的鉴别，认真的选择和整理，再通过全面的分析与综合，才算完成教育文献资料查找与分析的最后一个重要环节。

### 一、文献的鉴别

教育文献资料的质量水平将直接影响最终研究成果。所以在这一阶段，研究者要对文献进行去伪存真、去粗取精的鉴别，以确保研究成果科学、可靠。一般来说，鉴别文献资料的方法主要有两种。

### （一）外审法

外审法是对文献资料本身真伪的鉴别。具体来说，它通常包括以下两种鉴别方法。

（1）版本真伪鉴别。

从文献的编排体例角度加以鉴别。

（2）著者真伪鉴别。

从著者一贯的语言风格、著者全部文献的体例以及文献的观点和逻辑是否前后一致等角度来进行鉴别。

除了以上这两种鉴别方法，还可以运用一些技术手段对文献资料物质载体的物理性质进行判定，以鉴别该文献的大致形成时间。

### （二）内审法

内审法是对文献资料所记载的具体内容属实与否的鉴别。它通常包括如下方法。

（1）文字性文献互证。对于同一事件不同文献资料的记载是否一致进行判断。

（2）文字性文献与实物证据互证。对文字性文献与实物证据是否一致进行判断。

（3）文字性文献与历史背景互证。

对文字性文献与当时的政治、历史大的社会背景是否一致进行判断。

在具体文献的鉴别过程中，研究者应当根据被审文献资料的性质和复杂程度，灵活采取适合的方法来实现对文献资料的去伪存真和去粗取精，使之能对今后的研究与分析提供正确、可靠的依据。

## 二、文献的整理和分析

在完成了对文献的鉴别后，研究者就应开始着手对文献资料进行整理和分析。这一阶段工作是研究者能否顺利得到研究成果的关键步骤。文献整理和分析是指研究者通过运用各种分析方法对经过初步整理加工的信息情报进行深入细致地审查研究，从中找出新的论点、理论、启示等，通过概括、归纳、综合、对比、反思，应用逻辑的、数学的或直觉的方法，找出共性的或具有发展趋向性的特征和规律，并在此基础上提出意见、建议或方案。[①]通过对文献资料的分析、判断、综合、归纳等，完成观点新颖、建议合理、有可靠事实依据、有应用价值的研究报告，发现值得进一步深入细致研究的素材，从而更好地指导教育研究工作。常见的文献整理和分析方法一般有以下五种。

### （一）综合归纳法

综合归纳法是从文献资料所记载的同类事实和观点中归纳、综合和分析出共同点、规律性或发展趋势的方法，是对文献资料整理和分析最常用、最基本的一种方法。在这样的研究过程中，形式逻辑十分重要；需要研究者敏锐地对某一内容、学术观点进行提取、归类，但此过程也存在缺点，如缺少量化观念和处理技术，易遗漏大量具有价值的信息。

---

① 李修波，贺志刚．现代信息检索[M]．济南：山东大学出版社，2004：261.

## （二）演绎法

演绎法是根据文献资料和已经被其他线索证实的事理，进一步推导出与文献资料记载有关的结论。

## （三）比较分析法

比较分析法是通过对已有文献资料记载的人物、事件、时间、地点等线索比较，确定某些事实的方法。比较分析法运用类比推理的方法比照不同内容，以便确定其差异点和共同点。通过比较，还可以了解事物发展的轨迹，揭示其发展的过程和规律，判明其发展的方向，便于汲取教训、总结经验。同时，通过对不同研究方案的比较，明确优劣、真伪，从而为识别、判断和选择最佳方案提供依据。①

## （四）辩证分析法

辩证分析法是通过对文献内容的历史发展、演变进程和相互之间的关系进行辩证分析，得出关于事实或原理的全面、系统看法的一种方法。

## （五）相关分析法

相关分析法是利用文献资料内容之间的相互联系进行逻辑推理，以论证某个论点或预测某种发展趋势的研究方法。按照内容之

---

① 蒋永新，鲍国海，赵伯兴，等. 人文社会科学信息检索教程[M]. 上海：上海大学出版社，2005：134.

间联系的不同方式，相关关系可以分为因果相关、伴随相关、并立相关和包容相关等。相关性是事物间普遍存在的一种特性。然而，对于这种相关性的识别在很大程度上要依靠研究者自身丰富的经验、渊博的知识和严谨的逻辑思维能力。应用相关分析法必须要对大量文献资料进行仔细阅读，积累素材，分析研究其内在和外在的相关因素，总结出具有规律性的内容。①

## 三、第二手分析

### （一）第二手分析的含义

第二手分析也称二手分析法，是对其他研究者原先为了其他目的所收集和分析过的文献资料进行一番新的分析。也就是研究者借用他人的文献资料，通过分析来获得新的结论。根据不同的研究目的，可以将第二手分析分为两种不同的类型：一种是将其他研究者搜集的同类文献资料用于对不同问题的分析和研究中，另一种是将其他研究者搜集的同类文献资料运用不同分析方法处理。

### （二）第二手分析的特点

从上述第二手分析的含义，可以发现这种分析方法尤其适合比较研究和趋势研究。具体来说，研究者可以通过对其他研究者从不同群体进行调查所取的资料进行二手分析，对比不同群体的情况；还可以把其他研究者在不同时期对于同一问题所作若干次研究的资

① 蒋永新，鲍国海，赵伯兴，等．人文社会科学信息检索教程[M]．上海：上海大学出版社，2005：133.

料聚集在一起进行二手分析，以便研究事物发展的趋势。[①]第二手分析还具有节省人力、物力、财力的优点。研究者不需要通过实地调查去收集第一手原始资料，还可以省去大量原始数据的录入、整理工作，将更多的时间投入对资料的二次创造和重新分析中。

## （三）第二手分析的步骤

在进行第二手分析时，我们可以按照以下四个步骤实施。

### 1. 选择研究课题

在进行第二手分析前，研究者应当准确、迅速地确定研究课题，以便选择与之相适应的文献资料。由于二手的文献资料是既定的，研究者应在文献资料的处理和分析技术、方法上下功夫，使自己的研究课题适应已有的文献资料。

### 2. 获取所需的资料

第二手分析所使用的都是原始调查或统计获取的数据资料，所以研究者可以通过各种不同规模的数据库和一些大学或科研机构、政府机构、国家统计部门的调查研究中心所收集的资料来获取研究所需的信息。

### 3. 对获取资料进行二次创造

获得的数据资料只有通过再加工才能为下一步研究服务。这种

① 杨小微. 教育研究的原理与方法[M]. 上海：华东师范大学出版社，2002：226.

二次创造涉及研究变量的选择、重新定义，以及对于选定变量进行深入研究和最终选取。

#### 4. 重新分析资料

第二手分析中最主要的部分是对资料的重新分析。在进行第二手分析的过程中，研究者本人并没有去实地收集第一手资料，而是依据自己的研究需要从他人已“创造”出的原始资料中去“获取”合适的资料进行重新分析，该步骤的工作量是最大的。需要引起研究者注意的是，这种对资料进行重新分析的质量水平将直接影响最终研究成果。

## 四、内容分析法

### （一）内容分析法的含义

早期的内容分析法源于社会科学借用自然科学研究的方法，以开展历史文献内容的量化分析。在教育研究中，内容分析法既是一种主要的文献资料分析方法，又是一种独立、完整的科学研究方法。内容分析法是对文献直观的内容进行客观而系统地分析，并将其量化描述的一种研究方法。内容分析法的特征表现在以下三个方面。

#### 1. 内容的“直观”

强调文献资料形式外在方式，非内容的含义与概念或深层解释。

#### 2. 分析的“客观、系统”

着重于规范的研究手段，是研究者采取一定的规则，按照一定步骤来进行整个分析过程。

#### 3. 描述的“量化”

强调分析结果的数量化。①这种量化基于定性分析基础，它离不开对文献内容质的把握。这种“质”与“量”结合的方法可以弥补定性研究的主观性和不确切性的缺陷，达到对文献“质”的更深刻、更精确的认识。

### （二）内容分析法的特点

内容分析法有深刻的描述功能、高度的概括功能、准确的评价功能和良好的预测功能。除了节省人力、物力、财力这个显著优点外，内容分析法作为一种非干扰性的研究方法，不会对所研究的对象产生干扰，而且它还允许研究者仅通过对不同时期文献资料进行抽取和分析来研究研究对象在几段不同时期所处的一个长时期内的变化。

### （三）内容分析法的步骤

内容分析一般遵循以下步骤。第一，建立研究目标；第二，依据研究目标确定研究的总体，选择分析单元，按照可以测量和量化的原则，设计能将分析单元的资料内容分解为一系列项目的分析维

① 杨小微. 教育研究的原理与方法[M]. 上海：华东师范大学出版社，2002：226.

度（或类别系统），并抽取有代表性的资料样本；第三，按照分析维度对样本进行量化处理（评判记录和信度分析）；第四，使用统计方法进行处理。具体可以拖展为以下六个步骤。

### 1. 建立研究目标

内容分析法可以用于多种研究目标的研究工作，主要涉及以下三种类型：趋势分析、比较分析、意向分析。

（1）趋势分析。

趋势分析指通过对同一对象，在同一类问题上对不同时期内所显示的资料进行内容分析，把这些不同样本的量化结果加以比较，找出其中发生变化的因素，从而判断这一对象在某类问题上的发展趋势。例如，通过收集某一时期我国教育学期刊有关课程政策的文献，做出内容分析，从而发现我国课程政策的发展过程及趋势。

（2）比较分析。

比较分析指通过对同一中心问题，但对象或来源不同的样本资料进行内容分析，把这些来自不同对象样本的量化结果加以对比，找出它们之间的异同。例如，比较不同学校或不同教师教学方式和教学效果的异同，比较两种不同教学计划的差异，比较两个不同学校学生成绩、学习态度、思想品德状况的差别等。

（3）意向分析。

意向分析指通过对某一对象，在不同问题或不同场合所显示出的内容资料进行分析，把这些不同样本的量化结果加以比较，找出其中稳定、突出的因素，从而判定出这一对象的特征。例如，研究者可以分析某位优秀教师的经验特点，分析不同类型教师、学生的心理状态、潜在动机和价值观念，分析某一时期不同对象在教育问题上关注的焦点等。

### 2. 设计分析维度（类别系统）

分析维度（类别系统）是根据研究需要而设计的将资料内容进行分类的项目和标准。设计分析维度、类别有两种基本方法，一种方法是采用现成的分析维度系统，另一种方法是研究者根据研究目标自行设计。

### 3. 抽取样本

抽取样本的工作包括两个方面的内容：一是界定总体，二是从总体中抽取有代表性的样本。内容分析法常用的三种抽样方式是：来源取样、日期抽样、分析单位抽样。

①来源抽样：对资料来源的抽样。例如选择适合的报纸、杂志、书籍等。

②日期抽样：选择某一段时间的资料来进行分析。

③分析单位抽样：确定抽取资料的分析单位，可能是整份、一段、一篇或一页。

### 4. 评判记录

作为量化处理步骤的一个方式，评判记录是根据已确定的分析维度和分析单位对样本中的信息作分类记录，登记每一个分析单位中分析维度是否存在和出现的频率，从而将样本从形式上转化成数据的形式。

评判的一般规则如下。

①评判只能记录某类项目的客观事实，要避免使用主观的判断。

②对于相同内容类目的评判，必须有两个或以上的评判员分别做记录，以便信度检验。评判记录的结果必须是数字形式。

③采用事先设计好的易于统计分析的评判记录表记录。先把每一类目的情况逐一登记，然后按其出现频率在有关类目栏中作记号并记录，最后再做出统计即可。

④在根据类目出现频数进行判断记录时，不要忽略基数。

#### 5. 信度分析

信度分析是量化处理步骤中的另一个方面。内容分析法的信度指两个或两个以上的研究者按照相同的分析维度，对同一材料进行评判，判断其结果的一致性程度。两者的一致性越高，内容分析的可信度也越高；两者一致性越低，内容分析的可信度越低。因此，信度分析是保证内容分析结果可靠性、客观性的重要指标。

内容分析法的信度分析基本过程如下。

①对评判者进行培训。

②由两个或两个以上的评判者，按照相同的分析维度，对同一材料独立进行评判分析。

③对评判者的评判结果使用信度公式进行信度系数计算。

④根据评判与计算结果修订分析维度或对评判者进行培训。

⑤重复评判过程，直到取得可接受的信度为止。

**6. 统计处理**

此步骤要求研究者对评判结果（所获得的数据）进行统计处理。描述各个类目的特征及其相互关系，并根据研究目标进行比较，得出关于研究对象的趋势、特征或异同点等方面的结论。

## 思考题

1. 谈谈文献查找在教育研究中的作用。

2. 请简述文献查找的基本步骤。

3. 内容分析一般要遵循哪些步骤？

4. 请运用互联网，通过“关键词查找”途径，检索“家庭养育方式与中小学生性格形成相关研究”的有关文献，并说明确定“关键词”的主要步骤。

# 第四章　数据分析法

## 第一节　数据的特点和种类

对数据进行统计分析时，必须清楚数据的特点和种类，不同类型的数据所适用的处理方法是不尽相同的。

### 一、数据的特点

#### （一）变异性

数据的变异性包括几个方面的含义。第一，一组数据多数取值是不同的。数据用来描述事物的量化特征，不同的事物多数具有不同的特征，其数量表现也是不同的。第二，在不同的时间、地点测量同一事物的数量特征也可能会得出不同的结果，特别是在对人的精神性方面测量，比如，不同的时间考查同样课程内容，学生的得分可能不一样。

### （二）规律性

数据虽然具有变异性，初看起来，数据往往是杂乱无章的，但统计学表明，一组大样本的数据多是具有一定规律的。寻找规律就是研究目的之一。

正因为数据具有变异性，对数据的研究才有必要，如果都是相同的数据也就没有研究的必要了。也正因为数据具有规律性，才有可能对其进行研究。

## 二、数据的类型

对不同类型的数据进行统计处理的方法是不同的，研究时首先得清楚数据的种类，因为统计软件不可能知道数据的种类，例如，它不可能知道表示性别的“1”和表示大小的“1”到底有什么区别。采用不同的分类标准对数据分类，结果也是不同的，按照数据的精确性程度可以将数据分为以下四种类型。

### （一）类别变量

类别变量的取值仅仅表示不同的类别，不具有大小关系，更不能进行代数运算。比如，用“0”表示男生，“1”表示女生，这里的“0”和“1”没有大小关系，仅仅表示不同的性别。在进行统计分析时，用数字表示类别变量是必要的，要分清楚哪些是类别变量。

### （二）等级变量

等级变量的数据具有大小关系，但单位不同。理论上也不能进行代数运算。比如，不能把等级“优”（用“1”表示）和等级“良”（用“2”表示）加起来求平均（得“1.5”），这就像不能把一个人和一个苹果加起来得到两样东西一样。单位不同的数是不能直接进行运算的。要注意的是，通常来说，考试的原始分数是等级变量，不能直接把原始分数相加求和。

### （三）等距变量

等距变量除了具有大小，还具有相同的单位，但零点是相对的，因此是可以进行加减运算，但不能进行乘除运算。比如，标准分数、摄氏温度等就是等距变量。所谓“零点”，是指计算的起点；它有两种类型。一种是相对零点，“0”不一定表示“无”；比如，零摄氏度不表示没有温度；标准分数为“0”也不表示对所考内容一无所知。另一种是绝对零点，“0”表示“无”。在物理测量中，多数零点都是绝对的；但教育与心理测量中，零点多数是相对的。

### （四）比率变量

比率变量具有大小关系、相同单位以及绝对零点，它可以进行代数四则运算。

实际上，在教育研究中，真正的比率变量是极少的，大多数是等级变量，有时可以转换成等距变量，有的甚至将多级（五级以上）的等级变量近似作为等距变量进行代数运算，但绝对不能把类别变量以及级数较少的等级变量作为等距变量来处理。统计学中有相应处理类别变量的方法，比如计算“性别和数学成绩的关联”，可以采用点二列变量的相关系数计算公式，但不能采用等级相关系数的计算公式。因此，对数据进行统计分析时，清楚所研究的数据类型是非常必要的。

# 第二节　统计学知识

## 一、统计学内涵

### （一）研究随机现象的规律

随机现象是指在相同条件下有可能发生也有可能不发生的现象，这种现象在发生之前无法断定它必然会发生，所以又称为或然现象（相对必然现象而言）。人类社会、自然界及很多领域都存在大量的随机现象，教育领域也不例外。

统计学专门研究随机现象，其理论基础是概率论，是在概率论的基础上建立起数理统计的方法。数理统计运用于不同的领域就产生了许多分支学科，如心理与教育统计、生物统计、经济统计、农业统计、社会统计等。

### （二）通过研究样本来推断总体信息

统计学通过对样本信息的整理、分析来推断总体信息，而这种推断是建立在一定概率基础上的。因为样本只是总体的一部分，所以通过样本信息来估计和推断总体信息是不全面的。

在很多情况下，无法对总体进行研究。比如，总体很大，受人力、物力、财力的限制，无法全部抽出来；再比如，总体具有特殊性，不能全部抽出来。还有一些总体是假设总体，想全部抽出是不可能的。比如选择几个班为实验班，实验班代表的总体是“有可能做实验的所有班级”，实际上这是假设的总体。因此从实际研究情况出发，多数研究只能通过抽取样本来进行。

## 二、统计学内容

一般而言，统计学包括三方面的内容。

### （一）描述统计

描述统计主要是对数据的初步整理和分析，包括编制统计表、画统计图、计算各类量数，如集中量数、差异量数、相关量数等。

### （二）推断统计

推断统计是研究如何通过样本的信息，估计和推断总体信息，这些估计和推断是在一定概率基础上进行的。这是统计学的核心和重点，也是统计学在研究随机现象的重要作用所在。

### （三）实验设计

实验设计的过程必须考虑采用什么统计方法来处理实验数据。实验设计过去包括在统计学的内容之中，后来慢慢从统计学中分离出去，有了专门的教育实验学和心理实验学，但统计学始终是其基础学科。

## 三、统计学功用

统计学通过样本信息推断总体信息，因此采用的是不完全归纳法，也就是说统计学的结论并非完全正确。但当面对随机现象，又只有样本的信息时，研究者必须采用统计学的方法，不能把随机现象当成确定性现象来处理。凡是涉及抽样的问题，都要采用统计学的方法来推断总体信息。因此，统计学功能强大，它是教育量化研究的重要方法和工具。

# 第三节　数据描述

数据描述包括很多方面，本书主要介绍计算各种统计量数。

## 一、集中量数

集中量数为表示数据集中趋势或典型水平的量数。常用的有算术平均数、中数、几何平均数等。

算术平均数等于所有数据之和除以数据的总频数，用$\overline{X}$或$\overline{x}$表示。

$$\overline{X}=\frac{\sum_{i=1}^{n}x_i}{n}$$

平均数是使用最为广泛的一种集中量数，它简明易懂，适合代数运算，但易受极端值影响。有时取平均数的时候会“去掉一个最高分，去掉一个最低分”，实际上是删除极端值，特别是在主观性评价的过程中。

## 二、差异量数

差异量数是表示数据差异程度或分散程度、离散程度的量数。主要包括方差、标准差、四分位差等。

最常用的是方差与标准差。

方差等于离差平方的算术平均数，可用$S^2$（或$\sigma^2$）表示；标准差等于方差的平方根，可用$S$（或$\sigma$）表示。方差的计算公式如下。

$$S^2=\frac{\sum_{i=1}^{n}(x_i-\overline{x})^2}{n}$$

从方差的计算公式可以看出，方差是用每个数据与平均数求差，将这些差的平方求和，再除以数据的总频数得到的商。如果数据很集中，那么每个数据与平均数的差的平方就小，从而方差就小。也就是说，数据集中的时候方差小，分散的时候方差大。因此，方差越大，数据越分散；方差越小，数据越集中。所以方差的大小表示数据的分散程度。方差的量纲是相应数据量纲的平方，为了使量纲一致，实际中常用方差的平方根，即标准差。标准差是最常用的表示数据分散程度的数量指标。

## 三、标准分数及其转换

### （一）标准分数

标准分数是以标准差为单位的相对位置分数，等于一数列中各原始分数与平均数的差除以标准差，用$Z$表示。

$$Z=\frac{X-\overline{X}}{S}$$

意，无法断定有限样本确定事件出现次数。比如，不能断定“掷两次硬币，一定会有一次国徽朝上”。随机现象与确定性现象有本质区别。概率的运算是一个很复杂的问题，这里介绍两种概率。

## （一）后验概率

通过随机试验或随机抽样而获得的某一事件发生的概率。如果随机事件$A$在$n$次试验中出现$m$次，则随机事件$A$发生的频率$p$为：

$$p(A)=\frac{m}{n}$$

随机事件$A$在$N$次试验中出现$M$次，随着试验次数$N$的无限增大，随机事件$A$的频率越来越稳定于一个常数$P$，这个常数$P$就是随机事件$A$出现概率的近似值。可表示为：

$$P(A)\approx\frac{M}{N}$$

用极限的理论说，频率的极限值就是概率。但进行无穷次的随机试验不现实。

## （二）先验概率

先验概率是通过古典概率模型加以定义的，又称为“古典概率”。

古典概率模型要求满足两个条件：

①试验的所有可能结果是有限的；

②每一种可能结果出现的可能性（概率）相等。

若所有可能结果的总数为$N$，随机事件$A$包括$M$个可能结果，则随机事件$A$的概率为：

$$P(A)=\frac{M}{N}$$

比如，掷硬币的随机试验，所有可能的结果为两个，而国徽朝上与朝下的概率是相等的，因此，国徽朝上的概率为$\frac{1}{2}$。

### （三）概率的加法和乘法

#### 1. 概率的加法

在一次试验中不可能同时发生的事件称为互不相容事件。随机事件的“和”指的是两个随机事件中有一个或两个发生。两个互不相容事件“和”的概率，等于这两个事件概率之和。

$P(A+B)=P(A)+P(B)$

#### 2. 概率的乘法

$A$事件出现的概率不影响$B$事件出现的概率，称$A$与$B$相互独立；随机事件之积表示两个随机事件均发生。

两个独立事件积的概率，等于这两个事件概率的乘积。

$P(AB)=P(A)\cdot P(B)$

例如，有两个“四选一”的单项选择题，答题者完全不会做，进行随机猜测，随机事件$A$表示猜中第一题，随机事件$B$表示猜中第二题，由于猜中第一题不影响猜中第二题，因此$A$与$B$相互独立，那么既猜中第一题又猜中第二题的概率就是“$\frac{1}{4}\times\frac{1}{4}$”即$\frac{1}{16}$。

## 二、正态分布

正态分布是最常见的一种概率分布，其形状类似“钟”。正态分布有如下特点：

①曲线的平均数处为最高点；

②曲线以平均数为对称轴，双侧对称；

③曲线从最高点向左右缓慢下降，并无限伸延，但永不与基线相交；

④标准正态分布的平均数为 0 ，标准差为 1 。

## 三、推断统计的基本原理

### （一）小概率事件

发生概率非常小的随机事件称为小概率事件。通常规定概率小于5%或1%的随机事件为小概率事件。对研究结果的要求不一样，小概率事件的标准也不一样，有的研究把0.1%甚至更小的概率作为标准。

### （二）推断统计的基本假设

统计推断的基本假设是“小概率事件在一次抽样中不可能发生”。这里指的不是小概率事件不可能发生，而是指在一次抽样中，这个假设有可能是错误的，错误的概率就是小概率值。假设是进行统计推断的逻辑基础。所有的统计结论都可能是错误的，只不过错误的概率有大有小。也就是说，在统计学中没有绝对真理，只有相对真理。

### （三）推断统计的基本思想方法

推断统计的基本思想是采用概率意义上的“反证法”，即先否定结论，再看推理过程是否有矛盾，衡量矛盾的依据是上述统计推断的基本假设，也就是看有没有出现小概率事件。

**例 4–1**

某小学历届毕业生汉语拼音测验平均分数为66分，标准差为12分。现以同样的试题测验应届毕业生（假定应届与历届毕业生条件基本相同），从中随机抽取36份试卷，得出平均分为70分，问该校应届与历届毕业生汉语拼音测验成绩是否有差异？

在分析此题时，我们首先要明确“检验什么”。已知历届毕业生平均分，检验应届毕业生和历届毕业生是否有差异，即检验应届毕业生平均分是否等于66分。应届毕业生的一个样本信息为平均分70分，不能直接判定整个应届毕业生平均分是70分。本题要检验的是样本代表的总体信息，而不是样本本身；即不是检验70分与66分有没有差异，而是检验70分来自的总体与66分的有没有差异。检验的思路应是先假设应届毕业生与历届毕业生没有差异，即应届毕业生的平均分也是66分，再进行验证。如果产生矛盾了，就否定这个假设；否则，就接受或保留这个假设。

## 第五节　调查问卷分析举例

### 一、调查问卷的主要变量

以《小学生数学学习焦虑、态度与投入动机调查问卷》（详见本书电子资源）为例来说明几种主要的统计方法的运用。该问卷主要包括以下变量。

### （一）个人变量

学生性别、家庭状况属于类别变量。学生性别变量中，男生用“1”表示，女生用“2”表示；家庭状况变量分别用“1，2，3，4”表示。

### （二）数学焦虑

该部分有27道题，为$a_1$~$a_{27}$；包括压力惧怕、情绪担忧、考试焦虑、课堂焦虑四个层面；属于等级变量。

### （三）数学态度

该部分共有30道题目，为$b_1$~$b_{30}$；包括学习信心、有用性、成功态度、探究动机四个层面；属于等级变量。

### （四）数学投入动机

该部分有14道题目，为$c_1$~$c_{14}$；包括工作投入、自我投入动机两个层面；属于等级变量。

### （五）数学成绩

通过数学测验，得到学生分数；近似属于连续变量。

## 二、研究问题与统计方法

通过七个研究问题来说明几种主要的统计分析方法，相应的计算在本章第六节介绍的统计软件SPSS中完成。

研究问题1：小学生的数学焦虑、数学态度、数学投入动机与数学成绩的现状如何？

一般而言，研究现状可以采用描述统计的方法，计算平均数和标准差。但对所求平均数和标准差如何解释，则依据具体问题来分析。一般而言，标准差太大或太小都属于异常，研究者要注意这种情况。

研究问题2：学生的数学焦虑、数学态度、数学动机、数学成绩间是否显著相关？

此处可将数学焦虑、数学态度和数学动机近似作为连续变量，再计算四个变量之间两两的积差相关系数。还可以把数学成绩近似作为等级变量，计算四个变量之间两两的等级相关系数。两种计算方式不同，但计算结果比较接近。有些研究者会作此种近似替代。但理论上，应该计算等级相关系数。

研究问题3：不同性别的学生，其数学成绩是否有显著差异？

该问题实际上是检验男生和女生的数学成绩是否有显著差异。自变量为学生性别，属于类别变量；因变量是数学成绩，属于连续变量。采用独立样本$t$检验（t-test）方法，男女生各为一组，相互并不影响。

研究问题4：四种不同家庭状况的学生，其数学成绩是否有显著差异？

该问题要检验四种不同家庭状况的学生其数学成绩是否一样，自变量为家庭状况，属于类别变量，有四个水平；因变量是数学成绩，属于连续变量。采用独立样本单因子变异数分析（One-Way ANOVA），即“方差分析”。

研究问题5：学生的数学焦虑、数学态度、数学投入动机是否可以有效预测学生的数学成绩？

自变量为学生的数学焦虑、数学态度、数学投入动机三个变量，因变量为数学成绩；可以利用回归分析（Regression Analysis），即通过几个自变量来预测因变量。前提是自变量和因变量之间存在明显相关，且当前的自变量和因变量取值都已知。

本问题采用多元回归分析法。多元回归分析的原始化回归方程式为：

$$Y=B_0+B_1X_1+B_2X_2+B_3X_3+\cdots+B_KX_K$$

其中$B_0$为截距，$B_K$为原始回归系数。

标准化回归方程式为：

$$Z_Y=B_1Z_{X1}+B_2Z_{X2}+B_3Z_{X3}+\cdots+B_KZ_{XK}$$

其中$B_K$为标准化回归系数。

研究问题6：学生性别与家庭状况这两个变量在数学成绩上是否有显著的交互作用？

此处自变量有两个——学生性别、家庭状况，均属于类别变量；因变量是数学成绩，为连续变量。检验方法采用一般线性模型（General Linear Model）。

此处相互作用的含义是考查不同性别学生在不同的家庭状况中，其数学成绩是否有显著差异；比如，男生只和父亲住在一起，数学成绩会不会受影响；即让两个变量共同起作用，学生的数学成绩会发生什么变化。很显然，交互作用的情景更接近现实生活。实际生活中，很难把一个变量控制，只让另一个变量起作用；实际上已经是多因素实验设计了。

研究问题7：图4-1是否得到支持？

图4-1是进行路径分析，既要检验数学焦虑、数学态度和数学投入动机对数学成绩的影响，也要检验它们三者之间的相互关系。径路系数即回归方程式中的标准化回归系数，采用多元回归分析法的“强迫输入法”。

该问题要进行三个复回归分析。

第一个复回归：效标变量为数学成绩，预测变量为数学焦虑、数学态度、数学投入动机。

第二个复回归：效标变量为数学态度，预测变量为数学焦虑、数学投入动机。

第三个复回归：效标变量为数学投入动机，预测变量为数学焦虑。

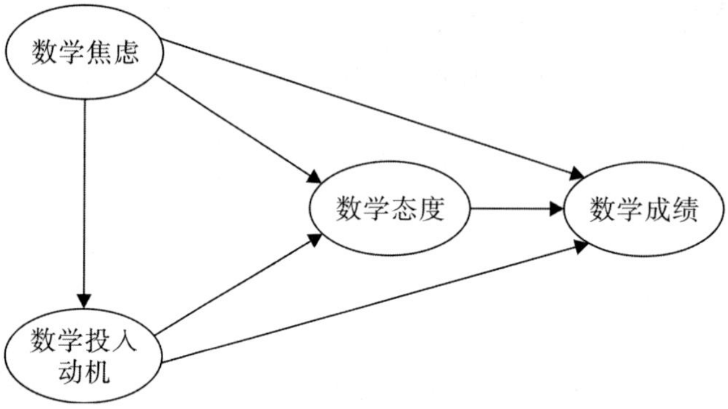


图 4-1　数学焦虑、数学态度、数学投入动机与数学成绩的相互关系图

## 三、$\chi^2$分布及其运用

采用问卷研究法，采用的变量只是类别变量，而得到的数据是间断性的，这需要用到一种特殊的统计分析方法，即$\chi^2$检验。

## （一）$\chi^2$ 检验的特点

（1）$\chi^2$检验的数据属于点计而来的间断变量。

（2）$\chi^2$检验的数据所来自的总体分布是未知的。

所以，$\chi^2$检验属于自由分布的非参数检验。

## （二）$\chi^2$ 检验的统计量

$\chi^2$检验统计量的基本形式：

$\chi^2=\Sigma(f_o-f_t)^2/f_t$

上述公式中$f_o$表示实际频数，即实际观测的频数；$f_t$表示理论频数，即理论上应该出现的频数（在零假设的前提下）。比如，下面例1中实际频数有两个，分别为28和22，而理论频数是25。假设男女生人数一样，50人中男生和女生都应该是25人。

## （三）$\chi^2$ 检验的运用

通过两个例子来说明$\chi^2$检验的运用。

【例1】从某校某级教育硕士中随机抽取50人，其中有28名女生，22名男生。问该校该级教育硕士男女生人数是否一样？

分析：抽取的50人是全体教育硕士的一个样本，可能存在抽样误差，故不能直接按样本人数多少或比例断定女生比男生多。很多未学统计的研究者最经常犯的错误就是直接按样本人数的多少来推断总体情况，比如，该题有人就认为女生比男生的人数多。而实际此题的检验结果为男女生的人数是一样多。

【例2】从某大学某级新生中随机抽取100人，调查学生的家庭经济状况与是否愿意报考该校的态度，结果如表4-1所示。判断学生的家庭经济状况与报考该大学的态度是否存在关系。

表 4-1 家庭经济状况与报考态度人数

| 家庭经济状况 | 愿意报考/人 | 不愿意报考/人 |
| --- | --- | --- |
| 好 | 10 | 30 |
| 中 | 16 | 14 |
| 差 | 22 | 8 |

分析：学生的家庭经济状况和报考态度均属于类别变量，不能计算积差相关或等级相关，要采用列联相关的计算方法。这实际上是另一种形式的$\chi^2$检验。

# 第六节 SPSS 简介

SPSS（Statistical Package for the Social Science）是运用最广泛的专业统计软件之一，具有非常强的统计功能，其软件的版本也在不断升级。

## 一、数据的输入与变量的命名

在SPSS的数据框中输入数据要注意把变量“数据化”，SPSS不接受非数字的变量。比如，性别变量不能用中文文字“男、女”输入，可用“0”表示“男生”，“1”表示“女生”，性别变量属于类别变量，不要和其他变量混淆。

变量的命名需要点击SPSS数据框左下方的“variable view”，在表的第一列给每个变量命名，不能超过4个汉字，否则数据框显示不出来；命名的原则是方便记忆和解释。当变量很多时，一定要区分开不同的变量，最好是按类来命名。

在使用时，可以首先确定一个变量——“被试”，从“1”到“n”为其取值；如果是问卷的话，每个题是一个变量。比如焦虑的第1题可以用“$a_1$”来命名，态度的第2题可以用“$b_2$”来命名。

输入数据并命名后，就要将数据保存在文件里。为了避免遗失或电脑出现问题，可以将重要数据保存在多个安全的地方，比如移动硬盘、电子邮件等。

## 二、统计分析

有了数据就可以进行相应的统计分析了。SPSS几乎所有的分析功能都在子目录Analyze（第1行第6列）里面，点击它就可以看见其子目录（从上到下）：Reports/Descriptive Statistics/Compare Means/General Linear Model/Correlation/Regression/Classify/Data Reduction/Scale/Nonparametric Tests/Multiple Response。不同版本SPSS软件子目录不完全一样，每个子目录下面还有一级子目录，把鼠标放在上面就可显示出来，点击它就进入相应的分析程序。下面对《小学生数学学习焦虑、态度与投入动机调查问卷》的研究问题进行实际分析操作。

（1）分析研究问题1。

Analyze 的第二个子目录Descriptive Statistics是进行描述统计

分析的，在这个子目录下的第二个子目录里面就可以计算平均数和标准差。

（2）分析研究问题2。

积差相关和等级相关系数的计算都在Analyze的第五个子目录Correlation里，点击Correlation的第一个子目录Bivariate（双变量的相关），进入后把要求相关的变量选到方框右边，然后选择Correlation coefficients 下面的Pearson计算积差相关系数，选择Spearman计算等级相关系数。

（3）分析研究问题3。

独立样本*t*检验在Analyze的第三个子目录Compare Means里，点击其第三个子目录Independent-Samples T Test（独立样本T检验）就可以进行检验，把被检验的变量选到右边的方框里面，点击“OK”键即可。

（4）分析研究问题4。

多组独立样本单因子变异数分析（One-Way ANOVA）也在Analyze的第三个子目录Compare Means里，点击其第五个子目录One-Way ANOVA就可以进行检验。此处Dependent是数学成绩，Factor是家庭状况。

（5）分析研究问题5。

多元回归在Analyze的第六个子目录Regression里，点击其第一个子目录Linear可以进行回归分析。此处Dependent是数学成绩，Independent（s）是数学焦虑、数学态度和数学动机。

（6）分析研究问题6。

一般线性模型在Analyze的第四个子目录General Linear Model

里，点击其子目录univariate可以进行统计处理。此处Dependent是数学成绩，Fixed Factors是性别和家庭状况变量。

（7）分析研究问题7。

与研究问题5类似，只不过需要进行三次回归分析。

$\chi^2$检验例1的检验方法：在Analyze的第十个子目录Nonparametric Tests里，点击其第一个子目录Chi-Square进行$\chi^2$检验，把要检验的变量选到右边的小方框里。

$\chi^2$检验例2的检验方法：在Analyze的第二个子目录Descriptive Statistics里，点击其子目录Crosstabs，把行和列变量选到右边的小方框（若报考态度和家庭经济状况中一个是行变量，另一个就是列变量）；然后在最下面一行点击Statistics，选择Chi-Square，再按Continue键回来，最后按OK键就可以计算出结果。

对上面的统计问题亲自操作一遍，熟能生巧。只要将数据做了备份，如何尝试都可以。

SPSS软件的功能是非常强大的，希望有兴趣的读者尽量熟练掌握其基础功能。

## 思考题

1. 简述什么是统计学。
2. 描述统计的主要内容有哪些。
3. 什么是推断统计？
4. 如何计算相关系数？
5. $\chi^2$检验适合什么类型的数据？

# 第五章　问卷研究法

问卷研究法是指研究者用问卷这种测量工具对所研究的问题进行度量，从而收集可靠资料的一种研究方法。问卷研究法比较容易操作，所以它是一种用途非常广泛的研究方法。

## 第一节　问卷的结构与类型

问卷是教育研究中用来收集资料的一种工具，是为了获取人们对某个特定问题的态度、价值观、信念以及行为等信息而设计的一系列问题，是一种围绕某个主题把问题组合起来的“问题表格”。

### 一、问卷的结构

一般而言，一份完整的问卷包括标题、指导语、主体三个部分。

### （一）标题

标题是问卷内容的概括，一份问卷必须有一个标题。问卷的标题是整份问卷设计的总目的，是进行目的分解及设计问卷题目的主要依据。标题要客观准确地反映问卷研究的主题，增强应答者的兴趣和责任感，从而提高应答率。比如《中学生自主学习问卷》，这一标题指出了该问卷调查的对象和调查的内容；再如《教育管理信息化发展状况和趋势调查》，这个标题明确地表达出研究的中心主题。

但有时候为了避免“实验者效应”（即受试者有可能存在按实验者隐蔽的意图给予反应，以博得实验者好感的自然倾向），在问卷标题中，不一定要把研究目的明确表达出来，可以对一些关键或敏感字眼进行模糊处理。例如，在施测《教师工作压力问卷》时，问卷题目可以改为诸如《教师工作情况调查问卷》的中性化表达，而不使用“压力”二字。否则，受试者极易被引导表达出自己对于压力过大的不满，从而使其回答失真。

### （二）指导语

指导语包括书面指导语和口头指导语。

书面指导语印在问卷的标题下方。一般来说，指导语包括：对填写问卷者的称呼；关于这次问卷调查的目的、意义、简单的内容介绍；告知受试者如何填写问卷；关于匿名的保证以及对受试者的要求，一般要求受试者如实回答问题；对受试者的配合予以感谢；署上调查者姓名、机构或组织的名称、调查时间。

例如，《中学生职业决策影响因素调查》的指导语如下。

亲爱的中学生朋友：

你好！本问卷的目的在于帮助你评估自己的能力、动机及价值观，从而找出影响你做职业决策的最重要的因素。本问卷每个题项有6级判断，分别表示“非常不同意、不同意、不太同意、有点同意、同意、非常同意”。请你将自己实际的想法、做法与题目所陈述的情况相对照，然后选择一个与自己的实际最接近的答案。你的回答不会被记入任何档案，本次调查结果将严格保密，谢谢你的合作。

××中学“中学生职业决策影响因素研究”课题组

2020年10月

有些问卷没有把指导语印在问卷上，研究者需要到现场进行有关的说明，即提供“口头指导语”。口头指导语除了表达上述指导语的基本要素外，还可以根据现场情况对问卷施测的要求进行补充，并回答受试者对于调查的疑问。

## （三）主体

问卷的主体部分是问卷题目。问卷中的题目一般包括三个方面：与受试者基本情况有关的内容、行为方面有关的内容、态度方面有关的内容。

### 1. 与受试者基本情况有关的内容

受试者基本情况的内容主要是指受试者的人口统计学特征，例如性别、年龄、学历、政治面貌等。此外还有跟本研究相关的分类特征。例如在对中学教师的研究中，调查中学教师所在的学校、任教年级、任教科目等。

### 2. 行为方面有关的内容

对行为的调查包括两种，一种是受试者报告自己的行为，另一种是受试者报告他人的行为。受试者报告自己的行为，即“自我报告”法。研究者把对行为的描述变成一系列相关问题，让受试者判断自己的行为是否符合这些描述。例如，题干是“我经常上课迟到”，答案有5个级别的选项，分别是“非常不同意、不同意、一半同意、同意、非常同意”，受试者从中选择一个最符合其实际情况的选项。“自我报告”法是建立在大多数受试者对自己有一定的了解，而且愿意诚实作答的基础上。受试者报告他人的行为，即对他人进行“行为观测”。受试者在他人没有任何觉察的情况下，对他人行为进行客观的观测，并对照问卷题目判断他人行为与题目描述的符合程度。例如，题干是“我的班主任经常找我谈话”，答案有5个级别的选项，分别是“非常不同意、不同意、一半同意、同意、非常同意”，受试者从中选择一个最符合班主任行为的选项。

### 3. 态度方面有关的内容

态度是个体对特定对象（人、观念、情感或事件等）所持有的较为稳定的心理倾向，包括认知、情感和行动倾向三种成分。认知是指个人对态度对象带有评价意义的叙述，内容包括认识、理解、相信、怀疑以及赞成或反对等，如题干是“我相信我的班主任能公正地对待学生”，答案有5个等级，分别是“非常不同意、不同意、一半同意、同意、非常同意”。情感是指个人对态度对象的情感体验，如尊敬、喜欢、厌恶等，如“我尊重我的班主任”。行为倾向是指个人对态度对象的反应倾向或行为的准备状态，也就是个体准备对态度对象做出何种反应，如“我愿意找我的班主任谈心”。

## 二、问卷题目的类型

问卷题目主要有封闭式和开放式两种类型。

### （一）封闭式问卷

封闭式问卷是在提出问题的同时还给出若干个答案选项，要求受试者根据自己的情况选择填答。由于对回答的问题有一定限制，封闭式问卷也称限制式问卷。

#### 1. 封闭式问卷的主要形式

封闭式问卷有很多形式，以下是几种常见的形式。

（1）类别式。

提供给受试者选择的答案是分类式的，得到的数据是类别数据。

你的性别是？　A. 男　B. 女

你所在的班级是？　A. 一班　B. 二班　C. 三班　D. 四班

（2）等级式。

提供给受试者选择的答案是有等级或顺序的，该类又有多种形式。

我认为，明确学习目的很重要。

A. 非常同意 B. 同意 C. 不确定 D. 不同意 E. 非常不同意

我经常上课迟到。

A. 很符合 B. 符合 C. 一半符合 D. 不符合 E. 很不符合

第一题是了解受试者态度方面的题目，而第二题是了解受试者的行为表现。

**2. 封闭式问卷的优缺点**

封闭式问卷的优点在于：①答案标准化，资料集中，便于编码和统计分析；②填答方便，省时省力，适用于大规模问卷调查。缺点在于：①回收的资料缺少自发性和表现力，受试者不能自由发挥，所得到的材料不够深入详尽；②受试者可能没有经过深入思考，随意乱答，而且回答中的各种偏误难以判断。

## （二）开放式问卷

开放式问卷不为受试者提供具体答案，由受试者自由回答，也叫无限制式问卷。例如：你认为教师的工作压力主要来自哪里？

开放式问卷的优点在于：①适用于探索性研究，一些新的研究问题用这种方式可以收集到更丰富的信息；②让受试者充分、自由地发表自己的意见，发挥其创造性，可能会得到研究者意想不到的结果。缺点在于：①对调查资料的分析有一定难度，由于受试者的答案不受限制、五花八门，研究者需要重新整理、归纳和编码，分析资料耗时较长且难以进行量化处理；②对受试者要求较高，要求受试者有较强的语言表达能力，而且需要花费较多时间思考和填写问卷，容易导致受试者拒绝回答，造成问卷回收率不高，或者产生大量无价值的资料。所以在一份问卷中，开放式的问题不宜太多。

封闭式问卷与开放式问卷是两种互补的问卷形式，各有优缺点，采用单一的形式得到的结果可能是片面的。一般来说，在大规模正式调查所用的问卷中，通常以封闭式问卷为主，开放式问卷常在小规模的、探索性的调查中应用。

## 第二节　问卷的设计

封闭式问卷的研究相对而言较容易操作，受试者在填写过程中只需根据自己的实际情况选择即可。因此，问卷研究法是教育研究中广泛使用的一种方法。然而，问卷研究的操作虽然容易，但可以进行的控制却比其他研究方法要少。因此，问卷研究的效果往往令人不太满意。

### 一、影响问卷效果的因素

问卷研究中不可避免地会出现误差，影响问卷的效果。问卷结果的误差包括随机误差和系统误差。随机误差是由与测量目的无关的偶然因素引起而又不容易控制的误差。随机误差的大小和正负都不固定，也无法测量或校正，但随着测量次数的增加，正负误差可以相互抵消，误差的平均值将逐渐趋向于零。系统误差是由与测量目的无关的变化引起的恒定而有规律的误差。系统误差是由某些固定原因引起，具有重复性、单向性、可测性，即在相同的条件下，重复测量时会重复出现，使测量结果系统数据偏高或偏低，其数值大小也有一定的规律。造成误差并影响问卷研究效果的因素主要有三类。

### （一）受试者的主观倾向

受试者在回答问卷时，生理和心理状态会影响问卷的效果。比如，受试者过分疲劳或精神状态不佳，又或者受试者觉得问卷研究的结果和自己没有关系，没有耐心认真回答，随意勾选问卷选项应付了事，造成误差。

此外，反应定势也会对问卷效果造成影响。反应定势是受试者在回答问卷时由某种心理定势引起的反应倾向，它使受试者作出与问卷所要了解的问题无关的歪曲反应。在填答问卷中常见的反应定势是“装好”和推诿。“装好”即喜好正面叙述，受试者为了给他人留下好印象，选择可以得出社会认可的良好自我形象的答案；比如，“我对工作认真负责”。推诿指受试者喜欢选择“不确定”“不一定”“两者皆可”等不确定或者中立的答案的倾向，也叫趋中定势。在备选答案出现中间选项或者中立项的时候，常有一些受试者倾向于避开两个确定的答案而选择不确定的答案，目的是回避作答，推诿责任。

### （二）问卷题目

问卷题目造成的误差，有时可以看成研究工具与受试者之间的交互作用。

#### 1. 问卷题目没有对准研究目标

每个问卷研究都有研究目标。如果问卷题目是研究目标的有效分解，通过问卷题目可以搜集到研究者所需的资料，则该研究的效果就好。反之，如果问卷设计者的研究目标不明确，或者对研究目标的理解不到位，随意设计问卷题目，问卷题目看似很多，实则杂乱无章，不能反映研究目标，则研究效果差。

#### 2. 问卷题目语言表达不当

问卷题目所表达的意思含糊不清、模棱两可，受试者难以理解问卷题目所指；研究者没有考虑受试者的知识水平和专业背景，问卷题目使用过多专业术语，使受试者难以理解问卷题目。这些情况下，受试者只能随意作答。

#### 3. 问卷题目数量太多

过多的问卷题目容易使受试者疲劳、焦虑、注意力下降，使问卷结果（特别是后半部分问卷）质量大受影响。一般而言，问卷题目的数量不要超过70个。有的国家甚至明文规定，在学校与企业中从事任何问卷调查或研究时，问卷题目都不能超过80个。

### （三）问卷施测情境

传统的问卷调查中，研究者与受试者面对面开展施测。尽管研究者对施测情境有一定控制，但调查仍然会受诸多因素影响；包括问卷实施现场的条件与特点，主持问卷研究者的态度与行动，实际学习或工作任务的干扰，等等。许多问卷是以团体施测的方式进行，研究者要对众多受试者同时施测，受试者之间的互相影响容易造成问卷“污染”问题。比如，受试者之间互相讨论，有些受试者参照其他人的问卷作答，有些受试者干脆让其他人代为填答；当部分受试者完成作答提前离开后，有些受试者心态也受影响，没有耐心继续认真看题，草草勾选、匆匆交卷。很多研究者为了发放和回收问卷方便，常采用网络调查工具，通过网络方式发放问卷，受试者可以远程填答。这样确实会给问卷施测带来极大便利，但也会使研究者完全无法控制施测情境。受试者可能在各种场所填答问卷，填答问卷的未必是受试者本人，也难以保证受试者独立完成问卷；受试者在填写问卷时，可能同时进行其他无关活动，问卷填答活动随时会被身边的事情所干扰。而研究者对于这些情况一无所知，更难以控制施测情境。

## 二、问卷设计必须解决的两个核心问题

### （一）确保问卷的信度和效度

问卷设计要考虑信度和效度。问卷的信度是指问卷资料的可靠性和真实性，即问卷资料能否客观地反映研究对象的情况。这是保证问卷质量的必要条件。问卷的效度是指问卷题目的有效性和准确性，即问卷题目是否准确地代表或反映研究者的研究目标；也就是如何确保问卷能够获得设计者真正需要的资料。保证问卷的信度和效度最重要的是要有高质量的问卷。问卷的来源一般有两个方面。

#### 1. 借鉴已有同类问卷，对同类问卷题目进行选用和改编

科学研究不是凭空产生的，研究应该站在前人的肩膀上。有些

问题的研究已经有了比较成熟的问卷，研究者可以采用“拿来主义”的方法，直接采用这些问卷。需要注意的是，尽管很多问卷已经在以往研究中给出测量的信度和效度，但在借用这些问卷的时候，仍然需要给出这些问卷在研究者的研究中的测量信度和效度。

若已有问卷不能完全符合研究者的要求，可以选用和改编已有问卷的题目，并补充符合研究的问卷题目，组成新的问卷。例如，笔者在编制教师教学效能感问卷时，借鉴了俞国良的“教师教学效能感量表”以及王才康等修订的“TES中文版”量表，选用和改编了部分题目，新编了部分问卷题目，组成新的《教师教学效能感问卷》，并对新编的问卷进行试测，报告问卷测量的信度和效度。[①]

### 2. 自编问卷

若研究的问题是一个有较大创新性的问题，找不到可借鉴的问卷，研究者需要自编研究问卷。自编问卷一般有以下步骤。

（1）问卷特征的分析。

问卷特征的分析是依据教育学理论和研究的具体问题，对问卷的特征进行分析。例如，笔者在编制《教师教学效能感问卷》时，首先对“教师教学效能感”进行理论研究，梳理了以往关于教师教学效能感的研究，总结出本研究中“教师教学效能感”的定义，归纳出《教师教学效能感问卷》的两维性、测量性、社会性和时效性

① 李夏妍．论心理与教育调查问卷的编制过程：以《新课程教师教学效能感问卷》的编制为例[J]．教育研究与实验，2010（3）：83-87．

几个特征。[①]对问卷特征的理论分析是确保问卷结构效度的基础和关键。问卷设计者应以问卷特征的理论分析为依据，进而建构问卷的目标体系。

（2）问卷目标体系的建构。

可用目标分解法去建构问卷的目标体系。目标分解法是一种质的分析方法，包括如下几个步骤：第一，确定问卷调查的目标（或目的）；第二，根据调查目标的内涵和要求，分解出一级指标；第三，根据一级指标的内涵和要求分解出二级指标；第四，依此方法逐级分解，直至形成调查指标，建构问卷目标体系。例如，《教师教学效能感问卷》的目标体系建构在理论分析的基础上，用目标分解法分别对一级指标“一般教学效能感”和“个人教学效能感”进行分解，从而形成二级指标，如图5-1所示。图5-1的二级指标就是末级指标，即调查指标。在分解目标过程中，要抓住目标（指标）内涵的本质特征或重点，恰如其分地分解和引出，确保问卷的结构效度。

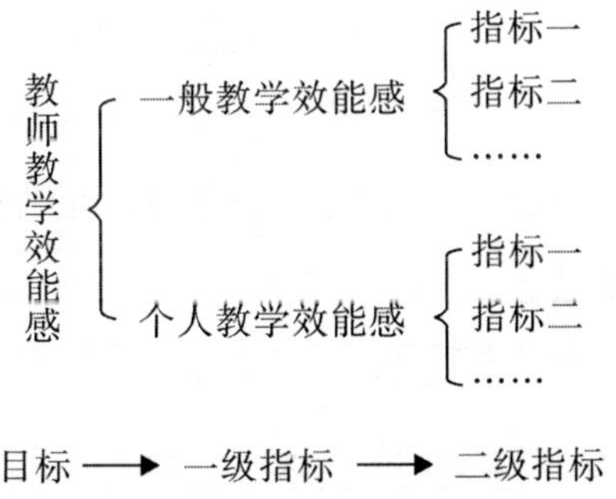


图 5-1　教师教学效能感问卷目标体系

① 李夏妍. 论心理与教育调查问卷的编制过程：以《新课程教师教学效能感问卷》的编制为例[J]. 教育研究与实验，2010（3）：83-87.

（3）问卷题目的编写。

问卷题目编写的依据是问卷目标体系中的末级指标。在设计问卷题目的过程中，要紧扣每一项末级指标的内涵和需要，相应地编写问卷题目。一项末级指标可导出一个或若干个问卷题目。所有问卷题目原则上应与问卷目标体系的末级指标相对应。可以将末级指标的词句改成问卷题目，亦可根据末级指标的内涵演绎或引申问卷的题目。问卷题目的形式包括类别式、条件式、排序式、线段式、表格式、问答式等，最基本的结构是“题干＋选项”。在内涵分析上，务必使问卷题目基本反映“目标体系”末级指标的意义。在题目数量上，以完满实现末级指标的要求为限度。初步编制的问卷题目可以适当比最终需要的题目稍微多一些，以便于试测后筛选题目。

为了确保问卷资料的真实性，研究者可以适当设计一些反向题，即把肯定句改为否定句，从反面进行描述。例如，正向的题目是“我很喜欢我的工作”，反向题是“我对我的工作感到很厌倦”。设计反向题的目的是避免受试者在选择答案时往一个极端靠拢。比如，有的受试者认为等级高就好，所以整份问卷都选择高的等级。正向题和反向题在问卷中穿插出现，也可以判断受试者是否认真作答。如果受试者在完全相反的两个问题上选择同样的回答，说明受试者可能没有认真看题目，随意勾选答案。

问卷题目的编写要注意以下问题。第一，要避免一个问题中包含两个以上的概念或事件；第二，避免采用双重否定句；第三，题意要清楚，避免过于空泛；第四，避免使用不适当的假设；第五，避免使用容易被误解的字词，如果要用，就必须界定清楚；第六，对于特别重要或需要强调的概念，可在这些词下加下画线；第七，在受试者能理解的范围内提出问题；第八，避免需要花太多时间填写的题目；第九，避免题目带有某种暗示或引导受试者选择某个选项；第十，避免引起受试者情绪困扰的内容。

问卷题目加上指导语，就组成一份问卷的初稿。初稿形成以后，可以征求同行、专家的意见，并作进一步修改。

（4）问卷的试测与质量分析。

问卷的初稿要在一定范围内进行试测，试测样本不需要很大，主要是为了更进一步地了解问卷存在的问题。试测应注意的问题有：试测对象应取自将来正式施测时准备应用的群体，人数不必太多，但必须具有代表性；试测的情境应力求与正式施测的情境一致；试测过程应对受试者的反应进行记录，如受试者对问卷的要求是否明确，受试者填答问卷过程中遇到的问题和完成问卷所需的时间，等等。

试测回收的问卷要进行质量分析，包括质的分析和量的分析。质的分析上，研究者可组织受试者召开座谈会，了解受试者对问卷的看法，包括能否理解问卷题目（发现问卷语言表达方面存在的问题），对问卷题目是否有补充，受试者填答问卷的动机与态度，等等。量的分析上，主要是采用统计方法进行分析。比如，可以进行描述统计、差异分析、相关分析、信度分析、效度分析等。

例如，在许世红、胡中锋的《影响教师工作绩效的非能力特征的因素分析》[①]中，选取广州市城区、城乡接合部共20名成熟期中

① 许世红，胡中锋．影响教师工作绩效的非能力特征的因素分析[J]．教育研究与实验，2016（4）：51-55.

小学教师，分别组织了四个小组访谈，以此验证非能力特征影响教师工作绩效路径的有效性，研究采用扎根理论对小组访谈信息进行了质性分析。研究者编制了《影响教师工作绩效的非能力特征调查问卷》，试测问卷共10个子问卷，其中9个非能力特征子问卷各10道题，工作绩效自评子问卷11道题，全卷共101道题。试测时，研究者采用随机抽样的方法，共发放问卷270份，回收问卷250份，剔除缺失值，共回收有效问卷202份。采用相关分析法对试测问卷进行项目分析；根据皮尔逊相关系数，检验是否达到显著性水平，对试题进行筛选，删除13道鉴别力低的试题，得到由88道试题组成的问卷。

（5）正式问卷的施测。

根据质的分析和量的分析结果，对试测问卷进一步修改，形成正式问卷。然而这并不意味着问卷编制的结束。一份问卷的最终形成，还需经过大规模实测，这一过程还会对问卷进行最后修改，特别是进行质量分析，提供问卷测量的指标，如信度和效度。

例如，在许世红、胡中锋的《影响教师工作绩效的非能力特征的因素分析》[①]中，包含了两次正式施测。

第一次施测采用随机抽样的方法，在广州全市的小学与初中所有学科教师中共发放问卷1440份，回收问卷1044份，剔除缺失值，共回收有效问卷872份。对这批数据进行探索性因素分析，以探索影响教师工作绩效的非能力特征的因子结构。经过五次探索性因子分析，结合非能力特征的相关理论，对萃取的因子重新命名，

① 许世红，胡中锋．影响教师工作绩效的非能力特征的因素分析[J]．教育研究与实验，2016（4）：51-55.

并对问卷题目进行了重新组合，得到由69道题目组成的正式问卷。

第二次施测采用整群抽样方法，在广州部分城区选定了一所小学、一所初中、一所九年一贯制学校，在城乡接合部选定了一所小学、一所初中。研究者对这五间学校进行全员问卷调查，共发放问卷400份，剔除缺失值，共回收有效样本348份。用第二次施测的数据进行信度检验，以及问卷结构的验证性因素分析。最后将报告问卷的克伦巴赫α系数和结构模型的拟合指数作为问卷的信度和效度指标。

试测问卷经过项目分析、探索性因子分析、验证性因子分析等修正后，正式问卷包含8个子问卷，共69道题，并提供测量的信度和效度指标。这样的问卷即可用于随后对影响教师工作绩效的非能力特征研究。

### （二）问卷资料的统计与处理

问卷搜集数据的类型决定了统计处理的方法，所以在设计问卷的同时，要考虑将来准备用什么统计方法处理数据。不同类型的数据采用的统计分析方法往往是不同的，而有些统计分析又要求数据必须达到相应的条件才能进行。教育研究中常用的是类别数据、等级和等距数据。

#### 1. 类别数据

类别数据即表示分类的数据，按照现象的某种属性对其进行分类或分组而得到的反映事物类型的数据，比如，学生的性别、年级等。受试者的基本情况调查一般是类别数据。类别数据的设计要注意以下两点。

（1）分类要以被研究对象的本质特征为基础。

分类一定要选择与被研究对象本质有关的特征为依据，才能保证分类的合理性。在教育学研究中，了解专业知识和熟悉被研究对象，对正确分类有重要作用。例如，在学生学业成绩研究中，按照学科性质分类；在对教师职业压力的研究中，按照教师的教龄、职称、任教科目分类。

（2）分类标志要明确，要能包含所有的数据。

被研究对象的分类标志要明确，不能出现“既是这个又是那个”的情况。所依据的分类标志必须能把全部受试者的数据包含进去，不能出现某些受试者不属于任何一个类别的情况。

类别数据没有测量单位也没有零点，不能进行代数运算，所以能做的统计分析比较少，如频数分析、卡方检验等。所以除了受试者的基本情况外，对于问卷题目，一般不要只设计成类别数据。

### 2. 等级和等距数据

等级和等距数据是指运用等级或等距量表测量得到的结果。等级数据既无测量单位又无零点，只有“等于”“不等”“序关系”，只能比较大小，不能进行四则运算。等距数据具有测量单位，但没有绝对零点，其取值之间的距离可用标准化的单位去度量，产生了“距离”的概念，运算除“等于”“不等于”“大于”“小于”之外，还可进行加法与减法运算。等级数据可以做非参数检验。等距数据可做的统计分析比较多，比如，积差相关、方差分析、信度分析、因素分析等。

一般的态度调查问卷得到的数据本质上是等级数据，受试者在若干个等级选项中选择符合自己情况的，但在实际数据分析中，研究者往往把它们当作等距数据处理。在态度调查中，选项设置多少个等级才合适是设计中的一个重要问题。研究表明，多级数一般优于少级数。当问卷级数从 2 级增加到 7 级，信度显著提高；7 级以后，信度提高幅度趋向平稳；当问卷级数达到11级以上时，信度提高得很少；20级以上时，信度下降。因此，问卷选项级数在 5 级到11级这个范围是比较理想的。一般4级到7级就可以了，等级太多会使受试者难以判断选项之间的区别。此外，对于具有较强“趋中”定势的题目，应选用偶数个选项等级。“趋中效应”是人类社会、自然界之中的一种非常普遍的趋势，指的是两个极端往中间靠的现象。东方文化背景里的受试者更容易产生趋中的选择。因此，有时选项的等级数是偶数时信度会更高。

## 三、问卷设计的原则

在问卷的设计中要注意以下几个原则。

### 1. 问卷的内容和形式都应与研究目的相符合

研究目的和理论依据决定了问卷题目的内容和总体编排。问卷内容与目的相符合是一份问卷的首要条件。问卷的具体形式也要考虑研究的目的。比如，以收集意见为主的调查，宜采用开放式问卷，一对一开展调查。一般一份问卷只调查一个主题。如果要了解学生的学习态度，就围绕这个主题设计具体的题目，不要在问卷里调查教师的教学方法或其他内容。

**2. 问卷中的问题表述要清楚**

问卷的语言表达要简洁、清晰，尽可能避免多重含义或隐含某种假设。应确保受试者能准确理解问卷题目的意思，不会产生歧义。同时，过于专业化的题目和难答的题目应尽量减少，防止反应定势。

**3. 问卷中的问题不要涉及社会禁忌和个人隐私，一般情况下不要提问敏感性问题**

对涉及社会称许性、政治敏锐性、个人隐私等问题要尽量避免。在一些可能有明显社会要求和规范影响的问卷题目上，应设法掩盖研究目的，采用投射式提问。例如，在有关领导行为的研究中，不直接问受试者自己的看法，而是让受试者对“周围其他人”的想法做出评定，受试者常常会把自己的看法“投射”到“周围其他人”身上，给出真实反应。

一般情况下，匿名填写问卷可以减少受试者的心理负担。但有些研究需要受试者填写姓名，比如，研究学生学习兴趣、态度与学习成绩的关系，其中的成绩需要查阅学生的学籍档案，所以问卷必须填写姓名。这种情况下应使该受试者明白研究结果会保密，不会对他造成负面影响。

**4. 问卷中的问题不要超出受试者的知识和能力范围**

设计问卷时要考虑受试者的文化水平，是否能准确理解问卷题目。此外，尽量避免出现过多专业术语。对于特殊的受试者，如文盲、儿童等，要采用他们能接受的方式开展调查。

**5. 问卷中题目的排列要恰当**

一般而言，问卷题目的排列顺序是先调查受试者的基本情况，再是封闭式问卷、开放式问卷。因为受试者的基本情况对受试者来说最简单，不需要思考即可填写，如性别、年龄、职业等。但有些问卷为了降低受试者的敏感性，把对受试者基本情况的调查放在问卷最后。问卷题目的编排应从一般问题开始，越来越具体，比如，先了解受试者对学习或工作的整体看法，然后再了解学习或工作的具体环境、激励方式和团队等各方面的问题。要控制问卷的总长度，问卷题目不宜过多，题目太多有可能引起受试者的疲劳或反感，降低测量信度。

## 四、问卷设计的程序

问卷设计一般包含以下程序。①根据研究目的与假设，确定所要收集的资料。②确定问卷的形式。③编写问卷的标题和指导语。④编写问卷题目。⑤修改和试测。⑥报告问卷的质量指标。

确定问卷的形式时，一般考虑问卷实施的方式、研究问题的性质、问卷受试者的特点、所得资料的分析方法和解释的方式。

在问卷设计的各阶段，应注意排除和克服影响问卷效果的因素。

# 第三节 问卷的实施

## 一、选择受试者

问卷设计好之后，实施前最重要的一项工作就是选择填写问卷的人，统称为受试者。总的来说是要保证样本的代表性。样本容量多大为好？这是大家经常问的问题，但往往又得不到明确的答案。样本容量的大小与很多因素有关，并没有明确的指标。考虑样本容量的时候应该考虑以下几个因素。

### （一）研究目的

研究者要明确是要将研究结论推广到更大的范围，还是局限在研究的范围内进行讨论。比如，研究者只想研究某重点中学重点班学生的学习压力问题，只需要在该校这些班的学生总体里抽样即可，如果这个总体本身的量并不是很大，即使全部取样，人数也不多。但如果要研究广州市高一学生的学习适应性问题，研究总体就是广州市的高一学生，若研究者只在广州市的一所学校高一年级抽取500人进行研究，这个样本看似容量非常大，但实际代表性不足。研究对象是全广州市的情况，而一所学校不能代表广州市的情况。所以，不能简单地回答样本容量到底多大才够，要依据实际情况来选择抽样方式。

### （二）对结论准确性的要求

根据统计学原理，取样误差与样本大小成反比。当然，取样还要考虑现实问题，比如，如果研究经费欠缺，选取大的样本就会有困难。如果对结论准确性的要求不是太高，样本就可以取小一点。

### （三）研究的数据类型以及要做的统计分析

样本容量还需要结合要做的统计分析类型以及难度具体问题具体分析，如果要做因素分析、聚类分析，这些统计分析对样本容量的要求就比较高，研究者要多抽取一些受试者，才有可能达到数据的最低要求。

综上所述，样本容量的大小问题不能一概而论，在其他条件相同的情况下，当然容量越大越好。

## 二、控制实施情境

选取受试者之后，在问卷调查实施过程中一定要控制好问卷填写的情境。对问卷填写情境的控制是保证问卷质量非常重要的一环。就像进行一次测验，一定要有监考人，问卷的填写情境也要进行严格的控制。否则，问卷设计得再好，样本再具有代表性，都会前功尽弃。忽视了这个环节，产生了问卷填写的情境“污染”，只能重新进行抽样、重新填写问卷，浪费大量的人力、物力和时间。如果强行继续研究，最终结果必然是低信度和低效度的。

问卷施测应尽可能采用现场调查的方式，由研究者亲自主持问卷调查，讲清楚填写问卷的要求及注意事项，强调不能相互交流、讨论，更不能请人代填或照抄别人的答案。研究者要在问卷施测过程中，监控全场可能出现的突发情况。一般情况下，不能让受试者把问卷带回家填写。如果研究者不能亲自到场，一定要委托认真负责的人按照要求控制问卷填写的情境。至于网络调查的实施情境，一般难以控制，只能通过指导语强调真实填写问卷对研究结果的重要性，争取受试者的支持。

## 三、整理问卷资料信息

问卷收集完成后的一项重要工作就是问卷整理。在对问卷资料进行录入分析之前，先要对原始问卷做进一步的审查和核实。审核问卷的目的是尽可能地消除误差，为后续统计分析建立一个坚实的基础。常见的不符合要求的问卷包括：①问卷缺失值太多。缺失是指数据不全或缺项未填，应标识为缺失数据。如果某个受试者缺失的数据太多，或缺失重要的数据，应把该受试者数据删除。②问卷的真实性受到质疑。例如，有的受试者的问卷全部选择同一个选项，如全选A或者全选C；有的受试者的选项是有规律的排列，如按照字母排列顺序：A、B、C、D、E。这些受试者的数据应被删除。如果问卷设计了反向题，还可以对比受试者在正向题和反向题的回答，如果出现互相矛盾的答案，则说明受试者没有认真阅读题目，随意作答。

整理好问卷后，把问卷资料录入计算机，以便进一步统计分析。录入数据时一定要细心，确保数据准确无误。如果数据输错了，要检查出来是很困难的，错误的数据将直接影响研究结果。如果采用网络调查的方式，直接可以从网站获得回收到的问卷数据，录入数据的步骤可以省略，这也是网络调查的一个优点，但对数据的审核仍然是必要的。

## 四、分析问卷资料信息

问卷的数据进入计算机后，要进行数据处理和分析。按照最初的研究设想，问卷需要进行哪些统计分析是研究之初就确定的，不能临时想到什么就做什么分析。需注意的问题是：一定要根据统计分析的结果来解释研究结论，不能抛开数据来讨论，使数据成为摆设；更不能只选择有利于结论的数据进行说明，而对不利的数据就置之不理。

如果问卷中有开放式题目，要采用质的研究方法。通常可用归纳、概括的方法，提炼出相应的结论。这对研究者学术素养的要求很高，本书后续章节会阐述这个问题。

## 思考题

1. 封闭式问卷与开放式问卷各有什么优缺点？如何进行问卷设计？

2. 怎样分析问卷的信度和效度？

3. 结合自己的实际工作，选择一项研究课题，根据所选课题设计一份问卷。

# 第六章 实验研究法

## 第一节 实验研究法概述

任何一项教育或教学改革的基础都是教育实验，也就是说，只有在经过教育实验后才能推行有效的教育改革。世界教育史上任何一项大的教育改革都有著名的教育实验。几十年来，我国中小学教育工作者和有关研究人员也进行了很多实验，比如，卢仲衡研究员的自学辅导教学实验、邱学华老师的尝试教学法、姜乐仁教授的启发式教学法、顾泠沅先生的“青浦实验”、叶澜教授的新基础教育改革实验等，都是大家非常熟悉的教育实验。

### 一、相关概念

真正要给教育实验下定义还是很难的，首先要了解以下几个概念。

#### （一）实验变量

实验变量属于自变量的范畴，是实验者要操纵的变量，实验者希望通过实验变量来引起实验结果的变化。比如，采用启发式教学法进行教学实验，对照班是采用传统的讲授式教学法，“启发式教学法”就是实验变量。又如，现在很多学校采用研究性学习进行教学实验，这与传统的教学方法有着本质的区别，“研究性学习”就是实验变量。再如，有的学校采用发展性教师评价制度评价教师，这与传统的奖惩性教师评价有本质的差别，“发展性教师评价”就是实验变量。

要进行教育或教学实验，首要问题是选择实验变量。实验变量的选择是一个非常复杂的问题，但最根本的一条原则是和现存的变量有本质的区别以及显著的差异，比如，传统的教学是“注入式”，实验变量如果采用“讲授式”就不太合适，二者没有本质的差别，所以实验结果也不会有显著的差异。其次，实验变量应该是可操作的，即研究者可以进行操纵。最后，实验变量应该是可观察的，即可以观察实验变量的变化。

### （二）因变量

因变量是指伴随实验变量的变化而发生改变的量，也就是实验的结果。实验变量往往是比较明显的，但因变量却需要研究者进行选择。比如，进行新一轮课程改革实验，用什么来衡量实验的结果？只用高考成绩作为唯一的评判标准，显然是不合理的（当然，高考本身也可以改革）。研究者必须选用其他一些标准，如学生的情感、态度、价值观、学习方法、思维方法等，将其放入衡量实验结果的范畴。如果还是只以高考成绩作为唯一评价标准，实验结果可能还不如实施应试教育的效果好。

### （三）干扰变量

除了实验变量，其他可能影响实验结果的变量，称为干扰变量。干扰变量有很多，如果不影响实验结果，就不必控制它们，但如果影响了实验结果就必须要控制。例如，有的实验班的教师本身就是全校最好的教师，开展实验后实验班的成绩是全校最好的。这里教师的教学水平实际上可能影响了实验结果。如果换一个水平差的教师会不会有相同的结果呢？再如，研究者挑选的实验班本身就是成绩最好的班，实验结果较为理想，但这不能直接断定实验就成功了。

明确了以上三个概念后，可以给教育实验作一个描述性的说明：教育实验是由研究者精心选择实验变量，并对可能影响实验结果的干扰变量进行严格控制，探讨实验变量与因变量关系的一个过程。

真正的教育实验是很难完成的，我们进行的实验往往是“准实验”，即没有按照真实验的标准严格控制干扰变量，但又有实验变量以及进行适当的实验设计的教育实验。

## 二、实验研究法的特点与优、缺点

### （一）主要特点

实验研究法的主要特点是对干扰变量的控制。对干扰变量进行适当控制，实验变量和因变量（即实验结果）之间的关系才有可能是因果关系。如果没有对干扰变量进行控制，即使实验有了好的效果，也不能完全归因于实验变量的作用。这样，实验在一定程度上就没有太大意义。

## （二）优点

### 1. 实验法是教育研究中建立因果关系最好的方法

在教育研究中如果要探讨因果关系，最好采用实验法。正如前面所言，实验法控制了干扰变量，实验结果在很大程度上是因为实验变量而产生的，这样就可以说，实验变量是“因”，实验结果（因变量）是“果”。但教育研究并非自然科学研究，很难做到对干扰变量的严密控制，严格来说，教育研究的关系极少是完全遵从因果关系的。

影响教学效果的因素是复杂的。例如，教师间水平差异一定存在，要保证实验班和对照班的教师水平完全一样是很难做到的；此外，实验过程中还有很复杂的师生间的相互作用，同一个教师教的不同班效果都可能不一样。研究教育复杂系统就应该研究这个重要的问题，但目前研究的还不够。

### 2. 成功的实验具有可推广性

好的实验是可以在一定范围内推广的，只要具有与成功实验同样的前提条件和背景，就应该可以得到类似的结果，但一定要注意前提条件。本书后面的章节会提到影响实验外在效度的因素，这些因素会影响研究者采用他人实验。

此外，实验研究法还具有可重复性、精确性等方面的优点，在此不详述。

### （三）缺点

任何一种研究方法都有其固有的局限性，实验法也不例外。实验法的主要缺点是控制干扰因素十分困难。特别是教育实验，往往受到很多主客观因素的影响，控制干扰变量比起自然科学实验来说，要困难得多。比如，一个理论上很简单的随机分组，在实验中可能做不到。例如，有哪个校长愿意打乱现有的班级让研究者随机分班？又有谁愿意随机挑选实验班的教师？

## 第二节 影响实验效度的因素①

实验效度是指实验设计能够回答所要研究问题的程度。实验效度有两种：内在效度和外在效度。

内在效度是指实验者所操纵的实验变量对因变量所造成的影响的真正程度。内在效度是一项实验中最重要的一种效度，是讨论外在效度的前提，也就是我们常说的“实验到底有没有成功”。

外在效度是指实验结果的概括性和代表性程度。换言之，就是指实验结果是否可推论到实验对象以外的其他受试者，或实验情境以外的其他情境。

① 本节和第三节的内容参考李方教授所著的《现代教育科学研究方法》（广东高等教育出版社，1997年版）的有关内容，特此致谢。

内在效度高的实验其外在效度不一定高；但内在效度低的实验，则谈论外在效度毫无意义。也就是说，如果一项实验本身就没有成功，其推广是没有任何价值的；但在某地或某国成功的实验不一定能推广到他地或他国。因此，不能盲目地照搬别人的实验，而要根据自身的条件和前提选择适合自己的教育实验。在当前推行的基础课程改革实验中，也要结合地方特色编制校本教材和地方教材，推行适合自己情况和特点的教育改革实验，切忌全国上下“一盘棋”。比如，研究性学习的教学实验，在有些先进、发达地区可能是很有效的，但推广到农村、落后地区，是否仍具有高的外在效度就值得研究了。

## 一、影响内在效度的因素

影响实验内在效度的因素有很多，这里列举八个主要的因素。

### （一）历史因素（或同时事件）

历史因素（或同时事件）指实验期间，另一相关的同时事件可能影响实验效果。如在开展一项数学教学方法实验的同时，学生参加了数学兴趣小组，实验结果的改变就不能完全归因于数学教学方法的作用，因为学生参加了数学兴趣小组也可能提高其数学成绩。

### （二）成熟因素

成熟因素指实验期间，实验对象的身心发生自然变化也会影响实验变量对因变量的作用。比如对幼儿进行某项识字的教学实验，一段时间后受试者的识字量增加了，但能否就断定实验成功了呢？

这显然是片面的，因为不进行这项实验，孩子的识字量也会随着学习时长的增加而增加。

### （三）测验因素

测验因素指前测的暗示对实验因变量的影响。如果实验安排了前测，前测往往会暗示受试者，使之在前测的因素方面得到提高，从而强化了实验效果。

### （四）工具因素

工具因素指测量手段对实验因变量的影响。实验的测量工具、测量主持者、评判者的不同或不一致，都可能使测量的标准不统一，从而影响测量结果的准确性，使实验处理的效果被混淆。实验的效果总是要采用一定的测量工具进行测量，如果工具本身的质量不高，实验结果就不准确了。

### （五）统计回归（或趋中效应）

统计回归是指某次测验中成绩特别高或特别低的学生，不管是否接受实验处理，均可能在第二次测量中出现成绩向团体平均数靠近（回归）的现象。这实际上就是“两个极端往中间靠”的自然现象，也称趋中效应。在有前后测的教育实验中，若以极端分数的学生为对象，就容易产生统计回归现象，使实验结果难以解释。比如，有的实验者选择了成绩很差的学生作为实验对象，结果产生了显著的效果，自认为把成绩差的学生水平都提高了，实际上不一定有显著效果。

### （六）差异的选择

所选择的两组或几组受试者在未受实验处理之前，本来各方面的能力就有所偏差或不相等，实验结果的差异就不能说是单纯由于实验处理造成的。

### （七）受试者的流失

实验对象在实验期间的流失，如迁居、退学、死亡等，可能使实验结果难以解释。

### （八）选择与成熟因素的交互作用、选择与历史因素的交互作用

各种因素的交互作用，也就是各种因素的相互影响。实际上有很多因素可能影响内在效度。

## 二、影响外在效度的因素

影响外在效度的因素主要有以下四个。

### （一）测验的反作用或交互作用效果

测验的反作用指前测对后测的影响。测验的交互作用指前测与后测的交互作用。有些实验设计需要进行前测，由于前测与后测内容相似，往往会影响后测的成绩，也就是说实验效果好了，可能不是实验变量的影响，而是前测的影响。

### （二）选择偏差与实验变量的交互作用效果

选择的偏差与实验变量发生了相互的影响。比如，当选取一些具有独特心理素质的实验对象做实验时，选择偏差与实验变量的交互作用就容易产生。这些独特的心理素质有利于对实验处理造成较佳的反应。例如，选择高智商的学生进行启发式教学，这里的“选择高智商的学生”就是“选择偏差”，实验变量是“启发式教学”，二者发生了相互影响，高智商的学生更适合进行启发式教学，因此推广也只能推广到高智商的学生。但如果反过来，用低智商或者中等智商的学生进行启发式教学，如果都有显著效果的话，推广到高智商学生就没有任何问题。

### （三）实验安排的反作用效果

受试者知道自己正在做实验，其动机和行为可能可以加强实验效果，这就是著名的“霍桑效应”。19世纪20—30年代在美国电器公司的霍桑工厂进行了一项实验研究，发现产量的提高不是由于技术的改进，而是由于工人知道了他们正在接受实验，从而具有强烈的动机的缘故。

### （四）多重实验处理的干扰

当同样的受试者重复接受两种或多种实验处理时，由于前面的处理通常不易完全消失，以致几项实验处理间会产生相互干扰的作用。而在推广的过程中，其他的实验没有了，可能相应的效果也就不明显了。

# 第三节　实验控制的方法

没有控制就不是实验，因此，如何控制干扰因素就成为实验设计者需要考量的一项重要内容。

## 一、实验控制的原则

实验控制有一个基本原则，就是“最大最小控制原则”，使实验变量产生最大的变化，使其他干扰因素与误差产生最小的影响。这个原则包括三层意思。

### （一）控制实验变量

实验的目的就是希望实验变量直接、完全导致实验结果。因此，一定要尽可能地使实验变量产生最大的变化。

### （二）控制干扰变量

要完全消灭干扰变量是不可能的，这是教育实验与自然科学实验的最大区别之一，研究者只能采用一定的方法尽量减少干扰因素的影响。

### （三）选择好的测量工具

好的测量工具才能准确测量实验结果，减少结果误差。

## 二、实验控制的方法

长期以来，人们也找到了一些实验控制的方法。常用的实验控制方法有以下六种。

### （一）随机控制法

将参与实验的受试者随机分派到实验组和控制组（或对照组），简称随机分组。先把所有受试者随机分成两组，再从两组中随机抽取一个组作为实验组，剩下的组就是控制组（或对照组）。

### （二）物理控制法

对实验情景进行控制，严格按照实验的要求设置实验情景。

### （三）排除控制法

预先将可能影响实验结果的变量，排除在实验条件之外。例如，进行启发式教学实验，将高智商的学生排除在外，即不选择高智商的学生参加实验，只是从中、低智商的学生中选择受试者。因为，如果中、低智商的学生都适合启发式教学的话，高智商的学生就更加适合了。

### （四）纳入控制法

把影响实验结果的某种因素也当作自变量来处理，这实际上就是进行多因素的实验设计。有兴趣的读者可参考其他书籍。

### （五）配对控制法

将实验组和控制组的受试者一一配对。这种控制方法要求极高，一般很少采用。

### （六）测量选择控制法。

根据测量的结果进行选择与分配，保证实验组和控制组在实验之前基本相同。比如，实验班与控制班的平均成绩基本一样。

# 第四节　实验设计

设计教育实验要尽可能充分、清晰地将实验自变量与因变量之间的关系体现出来，也就是要考虑选择合适的实验模式。实验模式的选择是实验设计的主要工作。实验设计的选择主要考虑以下因素：哪 种设计适合此项研究，是否能验证研究假设？是否能较好地控制无关因素的干扰？是否能有助于研究结果的鉴定和推广，且经济有效？

## 一、基础教育实验设计模式分类

实验设计模式是设计理论的具体操作形式，它的具体模型随着实验操纵与控制的严密程度、自变量的个数、自变量的水平、受试者的分配、因变量的观测安排等方面的不同而不同。实验模式也称实验方法，可以从不同角度对实验设计进行分类。

常见的分类有以下四种。①

### （一）根据实验操纵与控制的严密程度

分为真实验设计和准实验设计。真实验设计是指实验条件控制得比较严密的设计。准实验设计是指由于实验条件限制，所控制的无关变量不如真实验设计那样严密的设计。

### （二）根据实验自变量的个数

分为单因素设计和多因素设计。单因素设计是指只有一个实验自变量的实验设计。多因素设计是指有两个或两个以上的实验自变量的实验设计。

### （三）根据接受实验群体的组织形式

分为单组设计、双组设计、循环组设计。单组设计是指实验对象只有一组的实验设计。双组设计是把实验对象分为两个组，一个组为实验组，一个组为控制组。循环组设计中实验对象有多个组，各个组要轮换成为实验组。

### （四）根据因变量的观测安排

分为后测设计、前后测设计等。后测设计就是对受试者在实验前没有进行测量，仅在实验后进行测量的实验设计。前后测设计是

① 朱德全，宋乃庆，彭智勇．基础教育实验研究[M]．重庆：西南师范大学出版社，2001：48.

指在实验前和实验后都对受试者进行测量的实验设计。

## 二、基础教育实验设计常用模式介绍

### （一）单组实验设计

单组实验设计是用单一实验组作为研究对象，施加某一种或数种实验处理的实验设计。这种设计只有实验组，没有控制组，但实验因子可以为一个或多个。单组实验设计分为简单单组设计（又分为单组后测设计、单组前后测设计）、时间序列单组设计（又分为单组相等时间样本设计、单组纵贯重复前后测设计）、单组多因子设计，但其中较常用的是进行前测的单组前后测设计、单组纵贯重复前后测设计和单组多因子设计。

#### 1. 单组前后测设计①

在这种实验中，只有一个实验组，实验前先对实验组测量，然后对实验组进行实验处理，之后再次测量，然后对两组测量结果进行差异显著性检验。

这种设计的优点在于相同的受试者都接受前测和后测，降低了“差异的选择”和“受试的流失”因素对实验内在效度的影响，但其内在实验效果却有可能受到“历史”“成熟”“工具”“选择与成熟因素的交互作用”等因素的影响，整体来说内在效度较差。

① 李方. 现代教育科学研究方法[M]. 广州：广东高等教育出版社，1997：204.

### 2. 单组纵贯重复前后测设计

当研究者从事连贯式的长期实验研究时，不仅要了解实验的最终结果，还想了解实验在某一段时间内的效果。在此情况下，可采用单组纵贯重复前后测实验，对各次测验的结果进行比较。在这种设计中，可以把不同时间段的实验处理看作是不同的实验处理，然后对测量结果进行差异显著性检验。

例如，在幼儿园进行的使用某种学具对儿童智力发展影响的实验研究中[①]，为了解和比较实验在小班、中班和大班三个阶段的效果，可以把三个阶段的实验看作三个实验，对实验班的小朋友分阶段进行四次智力测验。在小朋友刚刚进幼儿园时实施第一次智力测验，在小班结束时实施第二次智力测验，在中班结束时实施第三次测验，在大班结束时实施第四次测验。对这四次测验的结果进行以下比较分析：比较第一、二次测验的结果，比较第二、三两次测验结果，比较第三、四两次测验的结果，然后再对各次比较结果进行比较，从而了解实验效果在不同阶段有无差异，如果有差异，那么在哪个时间段的实验效果最好。

这种设计的缺点在于实验延续时间较长，历史因素可能影响内在效度。在外在效度方面，“测验的反作用或交互作用效果”可能影响结果。但将学校学生作为研究对象时，学生接受重复测验已习以为常，所以这种设计还是会经常被采用。

### 3. 单组多因子设计

以单组作为实验对象，施加两种或多种实验处理（每一种实验

① 朱德全，宋乃庆，彭智勇. 基础教育实验研究[M]. 重庆：西南师范大学出版社，2001：51.

处理均进行前测和后测），比较各种实验处理的效果。例如，要对一个班级进行两种教学方法的对比。在实施甲种方法前进行一次测验，在实施甲种方法后再进行一次测验，拿两次测验成绩比较，即可求出甲种方法所产生的效果；用同样办法把乙种方法实验一次，可以求出乙种方法所产生的效果；对两组测量结果进行差异显著性检验，可得出以哪一种方法的效果比较好。

这种设计可能受历史和测量的工具等因素对内在效度的影响，其外在效度可能受多重实验处理的干扰。[①]

对以上几种常用单组实验设计模式的分析，可知这几种单组实验设计通过对研究对象自身进行实验前后测试结果的比较，可分析实验变量对因变量是否发生影响。该设计虽然避免了“不同被试存在差异”可能造成的影响，但并不能确定因变量的变化是不是由实验变量引起，或者有多少变化是由实验变量引起。因为受试者的成熟、学习经验和能力增长等无关因素会影响实验处理的效果。由于单组设计的局限性，在使用单组设计时要非常谨慎。单组设计一般是在下列两种情况下使用。第一种是没有两个等组被试或难以找到两个完全相同的等组被试，第二种是实验目标受自然因素影响不大。也就是说，如果不施加实验处理，因变量一般不会发生明显的变化。[②]要克服单组设计的缺点，可采用双组实验设计，增加控制组进行对比。

---

① 李方．现代教育科学研究方法[M]．广州：广东高等教育出版社，1997：206.

② 朱德全，宋乃庆，彭智勇．基础教育实验研究[M]．重庆：西南师范大学出版社，2001：50.

## （二）双组设计

双组设计是选择两个组，一个为实验组，另一个为控制组；对两组分别施以不同的实验自变量（或相同自变量的不同水平），然后测量和比较不同实验自变量（或相同自变量的不同水平）所产生的影响，从而得出结论。

双组设计根据实验组和控制组的条件是否相等分为等组设计和不等组设计。

### 1. 等组设计

等组设计也叫配对组设计，指在实验自变量作用之前，根据一定标准，通过测定将条件一致的受试者一对一配对，然后再随机地确定为实验组和控制组。通常的做法是对全部受试者进行与实验内容相关的测试，再按测试成绩排列，将分数相同或接近的受试者配对，形成等组，随机确定实验组和控制组；最后对实验组的结果和控制组的结果进行比较。[①]该设计几乎可以控制所有的影响实验内在效度的因素，是被广泛采用的一种较理想的实验设计。

在等组设计中，根据有无前测又分为等组后测设计、等组前后测设计、等组交叉前后测设计。

（1）等组后测设计。

在等组控制后测实验中，利用前面介绍的随机选择或配对选择方法把受试者分为两个等组，分别作为实验组与控制组。对实验组

① 郑金洲，陶保平，孔企平. 学校教育科学研究方法[M]. 北京：教育科学出版社，2003：216.

进行实验处理，控制组不进行实验处理。经过一段时间实验后，测量两组受试者行为改变的情形（观测因变量），并比较其差异性，以确定实验处理对被试行为改变的影响，即确定自变量与因变量的关系。

这种设计可以对影响内在效度的因素进行有效控制，但由于没有前测，无法据此形成不同组别，这种设计就无法确定实验处理是否对不同层次的受试者有不同的效果。例如，要比较采用两种教学方法对数学教学的效果[①]，没有经过前测，实验发现两组没有显著差异。但如果进行了前测，并据此将学生分为高、中、低三个层次，然后再对比施测实验因子，实验结果可能就会不同。

（2）等组前后测设计。

这种模式是对前面设计模式的改进。对实验组和控制组进行前测是为了说明实验处理前，实验组与控制组在因变量方面差异不显著，从而论证实验处理后两组被试在实验效果上差异的显著性。

由于采用相等的控制组，且两组都用前后测，这种实验设计的内在效度很高，在教育研究中常被采用。但在外在效度方面，由于采用前测，受试者可能对实验变量反应敏感，外在效度降低。但一般来说，教育实验的时间较长，前测的影响不会持续太久，而且对于学生来说阶段后各种测验习以为常。因此，等组控制前后测实验设计仍是一种典型的实验方法，应用较为广泛。

（3）等组交叉前后测设计。

等组交叉前后测实验是为了避免等组控制前后测实验模式中前

① 李方．现代教育科学研究方法[M]．广州：广东高等教育出版社，1997：209.

测可能对实验的外在效度产生影响而构建的实验方法。这种设计的具体做法是对实验组不实施前测，只实施后测，对控制组只实施前测，不实施后测。实验之后，比较控制组前测与实验组后测的结果，然后推导实验因子所产生的效果。这种模式在理论上可以避免前测对后测的不良影响，但两组前后交叉比较无法了解其间可能发生的交互影响。因此，这种设计也有局限性。①

#### 2. 不等组设计

不等组设计中，实验组和控制组都有前测。与等组设计相比，主要区别在于不等组设计不是采取随机方法分派受试者，所以实验组与控制组在各方面条件未必相等。这种实验一般以固定的班级为单位，随机分派为实验组和控制组，对两组实施前测，只对实验组接受实验处理，而控制组不接受实验，实验后，两组进行后测。

这种设计由于没有采用完全随机方式分派受试者，故“选择与成熟因素”“选择与同时事件”等的交互作用，会影响实验内在效度。在外在效度方面，不能控制“测验的反作用或交互作用效果”“选择偏差与实验变量的交互作用效果”和“实验安排的反作用效果”等因素。总的来讲这种实验的精确性要比等组设计差些，但由于实验对象处于自然群体状态下，并不影响它在中小学教育实验研究中的应用。②

---

① 朱德全，宋乃庆，彭智勇. 基础教育实验研究[M]. 重庆：西南师范大学出版社，2001：56.

② 李方. 现代教育科学研究方法[M]. 广州：广东高等教育出版社，1997：211-212.

### （三）循环组设计

循环组设计也叫平衡设计，它是把各种实验自变量（或一种实验自变量的若干种水平）轮换施加于各实验组（条件不必均等），然后根据每一实验自变量（或一种实验自变量的每一种水平）所产生影响的总和来确定实验结果。

在循环组设计中，安排实验处理顺序可采用拉丁方阵，即$K\times K$的排列方式。在这种排列方式里，每个字母或数字在每一行、每一列中必须出现一次，且只能出现一次。方阵大小根据所安排实验的自变量数目而定，自变量的个数（或同一自变量的不同水平数）等于实验组的组数。这种方阵的最小限度为$2\times 2$。

例如，某实验要确定A、B两种字体对学生阅读效果的影响。[①]实验自变量有两个水平，实验组就应为两个，实验设计方阵应为$2\times 2$。施测方法是：第一个时间段，对甲组施测A字体实验，对乙组施测B字体实验；第二个时间段，对甲组施测B字体，对乙组施测A字体；最后，把两种不同字体对学生阅读效果的影响总和进行比较，即可知两种不同的字体对阅读效果的影响。

当上述实验中自变量增加为三个水平时，实验组也应增为三个，实验设计方阵应为$3\times 3$。对甲、乙、丙三个组轮流实施A、B、C三种实验处理，使每一种实验处理不但在各组循环了一遍，而且在实验次序的每个地位上也都循环了一遍，最后把三种不同字体对学生阅读效果的影响总和进行比较。

① 蒯超英.教育实验的原理和操作[M].北京：气象出版社，1991：53.

在循环组设计中，平衡配置过程的许多无关因素被相互抵消了，所以除了“选择与成熟因素的交互作用效果”这一因素影响之外，内在效度较好。“多重实验处理的干扰”因素可能会对外在效度产生影响。另外，循环组设计对分组和无关变量控制没有要求，适合自然情境下的实验，便于操作。只是，受试者反复测试，可能会产生多重处理的干扰。

了解上述几种常用的教育实验模式及各种模式的适用条件和优缺点，有助于研究者在进行教学实验研究时，有针对性地选择应用并加以改进。

## 第五节　当前我国中小学著名的教育实验简介

自20世纪70年代末、80年代初以来，我国再次兴起教育实验的热潮，其中比较著名的有以下十二个实验。本节将以此十二个教育实验为例对当前我国部分教育实验案例进行简要介绍。

### 一、卢仲衡与自学辅导教学实验[①]

从1965年开始，中国科学院心理研究所卢仲衡等根据我国学校教育的实际情况，吸收了程序教学的思想理论，设计了“自学辅导教学”这一研究课题，进行实验。其特点是在教师辅导下以学生为

① 卢仲衡. 三十三年自学辅导教学研究的回顾与展望[J]. 教育研究，1998（10）：15-21.

主体进行自学。从1980年开始扩大到全国进行实验，取得较好成绩。实验班学生的学业成绩、自学能力、自学能力的迁移、创造性思维能力都优于平行班。

该实验所依赖的主要工具是“三本”，即课本、练习本和测验本。教学过程分为“启（发）、（阅）读、练（习）、知（道）、（小）结”五阶段。在推广实验时，提出了七条教学原则：第一，班定步调与自定步调相结合的原则；第二，教师辅导下学生自学为主的原则；第三，启、读、练、知、结相结合的原则；第四，利用现代化手段来加强直观性原则；第五，尽量采取变式复习加深理解与巩固的原则；第六，强动机、浓兴趣原则；第七，自检与他检相结合的原则。

实验还研究了“影响自学辅导效果的心理因素”，归纳概括出数学自学能力结构的九种心理因素。

## 二、邱学华与尝试教学法①

尝试教学法是邱学华经过半个多世纪探索和研究及其推广应用后创立的，通过近四十年近百万教师和一千多万学生长期而大量的实验和运用，检验效果良好，是一种中国本土产生的、具有中国特色的教学方法。

尝试教学法是我国现在中小学广泛应用乃至大学也有应用的一种教学法，已成为我国最具有影响力的教学法之一。其外延包括尝试教学法的各种教学模式、方法，如：尝试教学法的一般模式、变

① 邱学华，黄勇. 邱学华尝试教学法简明读本[M]. 福州：福建教育出版社，2020.

式、整合模式；目标尝试教学法、愉快尝试教学法、情境尝试教学法；小学数学尝试教学法、语文尝试教学法、生物学尝试教学法、历史尝试教学法；等等。

尝试教学法的教学基本程序可分为五步进行：第一，出示尝试题；第二，自学课本；第三，尝试练习；第四，学生讨论；第五，教师讲解。尝试教学法的特征是：先练后讲，练在当堂。

尝试教学法改变了“教师讲，学生听”的注入式教学方法，变传统的“先讲后练”为“先练后讲”，充分体现学生在教学过程中的主体作用，体现尝试教学法的理念：学生能尝试，尝试能成功，成功能创新。

这种教学方法有利于培养学生的自学能力，有利于调动学生的学习积极性，减轻学生课后作业负担。大量教学实践证明，尝试教学法简单实用，教学效果良好，能够促进大面积提高教学质量。

## 三、姜乐仁与小学数学启发式教学实验①

自1980年以来，姜乐仁主持的“启发式教学实验研究”项目取得了丰硕成果。该实验是一种寻求教学整体优化的实验。在进行教材改革实验的同时，相应地进行教法的改革实验。根据姜乐仁等人的设想和实践，数学启发式的教学体系可概括为以下三点。

第一，三为主、两结合、一核心。所谓“三为主”，一是指教学中要树立以学生为主体的教学观，充分调动学生学习的主动性、积极性，自觉地探究学习；二是要加强教师的主导作用，启发思

① 姜乐仁. 小学数学启发式教学实验报告[J]. 教育研究与实验，1994（1）：68-72.

维，教法学法，善于引导而不包办代替；三是在教学中要以实验教材为教、辅、学的主要依据，充分发挥教材综合功能的效应。所谓“两结合”，一是指面向全体与因材施教相结合；二是课内教学为主与课外学习活动为辅相结合，课内课外相互促进。所谓“一核心”，是指以启迪思维、培养和发展智能，提高学生素质为核心。

第二，各种教学方法相互配合、灵活运用。教学有法，但无定法，贵在得法，重在启发。启发式教学，强调以启发式教学论作为宏观调控手段，微观搞活，各种各样的教学方法优化组合，扬长（启发性）避短（注入式），为我所用。

第三，以课堂结构改革为突破口，多层次、全方位进行教学结构改革。传统的课堂教学结构是以教师为中心，按单一的讲授知识、巩固知识的模式来组织教学，不适应启发式教学的要求。根据设想和实践，启发式教学程序可以归纳为：准备、诱发、释疑、转化、应用等基本阶段，即五要素的“传动结构”。按照教学内容、教学目的，教学要求的不同来组织各种不同的具体课型，如新授课、练习课、复习课、课外数学等。

## 四、顾泠沅与大面积提高数学教学质量实验

1977年开始，顾泠沅等人在上海市青浦县开展了旨在“大面积提高数学教学质量”的教育实验。[①]该教育实验的设计思路：一是坚持开放包容，广泛吸纳自身之外的信息，包括经验再生、理论进展与技术更新；二是立足实践筛选，针对现状，通过不断改进与效

① 顾泠沅．45年：一项数学教改实验[J]．华东师范大学学报（教育科学版），2022（4）：103-116.

果检测的反复循环，寻找最合适的改革路径。具体实施分为以下四个部分。

（1）教学调查（3年）。

全面调查上海市青浦县教学的突出问题及其症结所在，针对问题与症结，采集了160项专题经验。

（2）经验筛选（1年半）。

将经验运用于课堂教学，经过五十次反复试验、观察、淘汰、优化的循环筛选，聚焦课堂改进，得出如下四方面的关键行为：①让学生在迫切需求之下学习；②组织好教学内容的层次和顺序；③指导学生开展尝试探索的活动；④及时了解学习效果，随时反馈调整。

（3）对比实验（3年）。

选取初中10个班组共440名学生，根据上述四方面改进开展严格控制的对比实验以及对其中50对同质学生进行对偶跟踪比较。

（4）推广与深化（8年）。

在全地区推广并深化实验结论，将传播学的策略引入推广流程，使推广不停留于模仿照搬，而是内化与创造；依托多级教研组进行全覆盖引领。

该项实验始终瞄准全样本数据统计与精致化个案分析的匹配与互证，特别是创设循环筛选的方法，填补了从调查到实验假说、从结论到推广创新之间的空缺。

## 五、叶澜与新基础教育改革实验

在总结多年教育理论研究与教育实践工作的经验基础上，针对我国中小学教育发展中存在的问题，华东师范大学叶澜提出“面向21世纪新基础教育”，并于1994年开始了实验研究。“新基础教育”是相对原有的基础教育而言。所谓“新”，体现在理论与学校实践两方面。在理论上，要对与基础教育相关的重要问题作重新探讨，形成新的理论体系；在实践上，要构建体现时代发展要求，体现新基础教育理论，服务于21世纪的九年义务教育的学校实践模式。新基础教育的研究目的或目标是在社会转型时期实现基础教育学校的转型。

从基本性质方面来说，该研究是一项综合整体开展，变革理论与变革实践相互依存、相互构成，极具复杂性的创生型研究。研究的基本路径是通过“研究性变革实践”来实现新型学校的创建。研究的核心价值观是以人的健康发展为本。在研究对学校教育活动变革的要求方面，其活动观是以动态生成为核心；在对教师队伍的要求方面，其要求是在研究中形成富有创造智慧的新型校长、教师和研究人员，并通过他们培养新人。“新基础教育”拒绝“模式化”，强调要使教师的思想、感受、理解发生变化而后使其主动改变行为。[①]叶澜认为新教育观念是新基础教育之魂，至少包括三大方面十个观念。第一个大方面是基础教育的价值观，即必须强调基础教育的未来性、生命性和社会性，并以此作为新基础教育的价值定向。第二个大方面是学生观，突出认识和关注学生的主动性、潜在性和差异性。第三个大方面是学校教育活动观，主要强调教育活动的双边共时性、灵活结构性、动态生成性及综合渗透性。

① 王建军，叶澜．“新基础教育”的内涵与追求：叶澜教授访谈录[J]．教育发展研究，2003（3）：5.

## 六、魏书生与六步教学法

在多年的教改实践中，魏书生在新的教育思想指导下，以培养学生自学能力为中心，重视科学与民主，创造出一系列新的教学方法。六步教学法是其中之一，基本内容包括以下六点：定向、自学、讨论、答疑、自测、自结。

定向指确定教学内容的重点、难点，并告诉学生，使之心中有数，方向明确。

自学指学生根据学习的重点和难点自学教材，独立思考，自己解题，不懂的地方，留待下一步解决。

讨论指学生前后左右每四人为一组共同讨论和研究在自学中没有解决的问题，寻求答案，不能解决的问题，留待答疑阶段解决。

答疑指立足于学生自己解答疑难问题的基础上，由每个学习小组承担回答一部分，教师回答解决剩下的疑难问题。

自测指学生根据定向指出的重点和难点，以及学习后的自我理解，自拟一组约需十分钟完成的自测题，全班学生作答，学生自己评分，自己检查学习效果。

自结指每个学生总结自己学习的主要收获，教师在成绩优秀、中等、较差的学生中，选择有代表性的学生，讲述学习过程和收获，使所获得的知识信息得到及时强化。

这六步程序可以依据课文的特点和学生理解的难易程度形成若干变式，如浅近的文章，以学生自学解决为主，其他两步可以省略。若自测效果好，自结可略。这种教学模式同时辅之以课外活动，扩大学生吸取知识信息的范围，使之学用结合。

六步教学法顺应了语文实践性的特点。在教学中，魏书生非常重视开放性教学，因而人文性、工具性的特点在他的教学中得到了充分的体现。“六步教学法”提高了学生的自学能力和语文素养，这种教学法成为我国语文教学中的经典教学法。[①]

## 七、钱梦龙与语文导读教学法

语文导读法是上海市嘉定县实验中学钱梦龙教师在20世纪70年代末期创设，80年代逐步完善的。该方法又称“‘三主四式’语文导读法”，简称“语文导读法”。“三主”指以学生为主体、教师为主导、训练为主线，是组织语文教学的指导思想。“四式”是一种体现“三主”思想的教学基本程式，指的是自读式、教读式、练习式、复读式。钱梦龙认为，教学效率的提高，取决于教师正确的“导”和学生主动的“读”，故称“语文导读法”。语文导读法旨在以发展学生的智能为前提，以培养学生的自读能力为主要目标，让学生通过三至六年有计划的训练，达到不待教师讲而学生自能读书的目标。它有利于解决教学过程中的一些基本矛盾，如教师与学生、教与学、讲与练、思想教育和知识教学、传授知识和发展智能等。因此，语文导读法顺应了当代教学论的发展趋势（“教是为了不教”），亦在语文教学实践中产生了强烈的反响。[②]

## 八、李吉林与情境教育

自1978年开始探索情境教学，1990年发展为情境教育。情境教

① 魏书生. 教学工作漫谈[M]. 桂林：漓江出版社，2020.

② 钱梦龙. 主体·主导·主线（上）[J]. 内蒙古教育，2001（8）：4.

育是在情境教学的基础上发展起来的一套完整的教育体系，它由语文教学始，进而推广到数学、美术、音乐等各学科，并取得良好效果。情境教育的基本原理是情感驱动、暗示倾向、角色转换及心理场整合四个方面。[①]情境教育实施四大步骤是：①创设情境，进行片段语言训练；②带入情境，提供作文题材；③运用情境，进行审美教育；④凭借情境，促进整体发展。

情境教学的理论框架包括：①四特点，形真、情切、意远、理寓其中；②五原则，诱发主动性、强化感受性、突出创造性、渗透教育性、贯穿实践性。其操作体系包括四个方面：第一，优化结构，改革学前语言教学的结构，以游戏形式教学汉语拼音；第二，开设过渡课，搞好低幼衔接；第三，低年级“识字、阅读、作文”三线同时起步；第四，中高年级“四结合”大单元教学。优化途径是以生活展现情境，以实物演示情境，以图画再现情境，以音乐渲染情境，以表演体会情境，以语言描写情境及优化识字、阅读、作文教学过程。

李吉林提出情境教学的类型包括实体情境、模拟情境、语表情境、想象情境和推理情境。教师应利用不同情境的作用来有效开展教育教学。[②]

## 九、孙维刚与结构教学法

孙维刚自1962年起在北京市第二十二中学担任数学教师兼班主

① 李吉林. 情境教育的基本原理[J]. 河南教育，1999（7）：4-5.

② 李吉林. 为全面提高儿童素质探索一条有效途径：从情境教学到情境教育的探索与思考（上）[J]. 教育研究，1997（3）：33-41.

任。自1980年开始，他进行了从初一到高三的三轮六年——循环教学教育改革实验，经过20年的实验和研究，他创造了结构教学法，收到了极好的效果，得到广泛赞誉。孙维刚坚持让学生思想品德素质、智力素质、身体素质——德智体全面发展的观念，采取了如下教学方法：①教师时时刻刻、事事处处站在系统的高度讲授知识，让知识总是以“系统中的知识”的面目出现在学生面前；②着眼于知识之间的联系和规律，更着重于哲理观点的升华；③课堂上，训练学生的超前思维，并形成向教师（包括课本）“挑战”的态势，使学生在思维运动中训练思维，真正做学习的主人；④题不在多而在精，更在于“知题善任”，一题多解，多解归一，多题归一；⑤从初一年级开始，指导学生进行研究，撰写小论文；⑥让学生有充足的睡眠和体育锻炼。孙维刚所带的实验班取得了极为辉煌的成绩，结构教学法也成为众多学校大力推广的教学方法之一。①

## 十、黎世法与异步教学实验②

异步教学继承了古代社会的个别教学和近代社会的同步教学的合理因素，摈弃了它们的弊端，并借鉴了当代国内外一些教学改革的优秀成果。在此基础上，从我国的教育实际出发而构建的具有自己的质的规定性的一种现代个性化教学方式。异步教学法的创立，是教学理论和教学实践发展史上的一个突破。

中学的异步教学改革实验开始于1981年（时称“六课型单元教

① 孙维刚. 如何让学生聪明起来[J]. 中小学管理，1999（10）：23.

② 黎世法. 异步教学法研究与实践30年[J]. 课程·教材·教法，2013（9）：3-10.

学法”），先在湖北省武汉市的几所中学进行实验，由于这项教学改革实验能在较短时间内有效地培养学生的自主学习能力，达到大面积提高教学质量的目的，随即向全国发展。小学的异步教学改革实验开始于1984年（时称“六因素单元教学法”），先在四川省和湖北省的几所小学进行实验。它与中学的异步教学改革实验一样，也是由于见效快且非常明显，产生了较大影响，然后迅速在全国发展起来。

异步教学改革实验将教师的五步指导（提出问题—指示方法—明了学情—研讨学习—强化效应）与学生的六步学习（自学—启发—小结—作业—改错—总结）综合起来研究，建立了六阶段的有效教学结构：提出问题—指示方法—学生学习（六步学习）—明了学情—研讨学习—强化效应。教师用“五步指导法”去指导学生进行“六步学习”，并将中学六段教学过程取名为“六课型单元教学法”，将小学六段教学过程取名为“六因素单元教学法”。这样，就使教师的“教”与学生的“学”得到了有效统一。

异步教学的具体实施过程共分四个阶段：学习阶段、训练阶段、过渡阶段和正式教学阶段。异步课堂教学的操作过程，是教师用“五步指导法”，根据学生的具体学情，指导学生进行自主“六步”学习的过程。

## 十一、朱永新与新教育实验①

2002年6月，“新教育实验”的专门网站“教育在线”开通，

① 周洪宇．教育奠基未来：新中国教育70年70位教育人物[M]．武汉：湖北教育出版社，2019.

极大地促进了新教育理念的传播与实践的发展；同年8月，新教育实验于江苏省昆山市玉峰实验学校正式启动。

针对新教育实验宗旨，朱永新提出“过一种幸福完整的教育生活”。他认为，儿童的学习不应该只是为将来的工作与生活做准备，教育本该是生活的基本方式，儿童今天在学校里所接受的教育，应该为其长远的人生与社会理想服务，这本身就应该是幸福的生活。

新教育希望通过自己的努力，实现人的“全面和谐的成长”，能够让每个受教育者获得成功的智力、整合的智慧、高尚的德行、丰富的情感。为实现“过一种幸福完整的教育生活”的目的，朱永新进一步提出“四大改变”的理念，即改变教师的行走方式，通过教师的专业发展带动学校发展，进而影响学生发展；改变学生的生存状态，让师生在新教育实验中共同成长；改变学校的发展模式，如开展书香校园建设；改变教育科研的范式，重视教室内外的教育生活。而实现这四大改变的重要方法与途径，就是新教育实验倡导的“十大行动”，即营造书香校园、师生共写随笔、聆听窗外声音、培养卓越口才、构筑理想课堂、建设数码社区、推进每月一事、缔造完美教室、研发卓越课程、家校合作共育。

此外，在十大行动的基础上，新教育实验又开发了“新生命教育”“新公民教育”“新父母与幼儿教育”等整合性教育项目，并逐渐形成“专业阅读+专业写作+专业发展共同体”的教师专业发展模式以及针对学生的“晨诵、午读、暮省”的新教育生活方式，以更好地追求“成为学生享受成长快乐的理想乐园，成为教师实现专业发展的理想舞台，成为学校提升教育品质的理想平台，成为新教育共同体的精神家园和共同成长的理想村落”的理想教育境界。[①]同时，20年的探索，让新教育实验逐步发展出自己的一套价值系统，该价值系统具有三方面的基本特征：①以人为本，重视人的主体价值；②躬身实践，重视教育行动的价值；③相信愿景，重视共同话语的激励价值。[②]

总之，新教育实验改变了“教师教、学生学”的传统教育模式，以培养学生素养为核心，营造了师生互动、家校互动、共同成长的教育氛围。

## 十二、北京市十一学校和“走班制”模式的新课改

21世纪初掀起了新课改浪潮，北京市十一学校在学校教育上率先实现了突破。李希贵校长领导的教育团队拟定并实施了一整套综合改革方案，取消行政班，推行走班制；取消传统教室，建立学科功能教室；取消班主任，实施导师制和教育顾问制度；等等。具体来说，北京市十一学校教育实验把课程改革作为学校顶层设计，全校范围内采取选课走班制，构建了有效的分层、分类施教的课程体系，形成了学生自主管理、全员育人的教育网络结构。[③]而走班这个过程分为两个步骤完成：第一步是走班上课，2010年北京市十一学校通过学科教室的建设，做到了让每个学科有相应的学科教室，学生上什么课，就进入什么学科教室；第二步是选课走班，十一学

① 朱永新.“新教育实验”的基本理论与实践探索[J]. 课程·教材·教法，2005（9）：18-24.

② 朱永新，汪敏.“新教育实验”价值系统的特征与实现路径[J]. 教育科学，2020（1）：1-8.

③ 余云露. 北京十一学校的课程改革分析[J]. 中小学教材教学，2019（2）：21-24.

校的选课走班刚开始时表现为上午整体走班，下午选课走班。随着学校分层分类的课程体系的完善，2011年9月，十一学校的高一新生实现了所有时间段的所有学生选课走班上课。[①]这种选课走班教学组织形式变革并不只是“走班”这种形式的变化，而是对学生活动、教师发展、教学资源、校园建设、教师组织、学校管理等方面进行的全方位的相应变革。一方面，不同的学科采取不同的形式进行教学，课程个别化的因材施教方式真正让学生成为学校的主角，他们可以自由选择课程、自由支配自己的时间，促进学生从传统的“要我学”到“我要学”的转变；另一方面，打破传统的班主任管理模式，教师在改革中成为研究者和设计师。

北京市十一学校的教师既要研究学生的需求，也要研究怎么去满足这些需求。用什么样的方式去满足学生实在的需求，实现了教师从班主任到导师的角色转变，倡导教师在造就学生中成就自我。而这样的改革，最终触及的是学校组织结构和管理方式的转型，从传统的金字塔学校组织形式转变为扁平化组织架构。学校采用“分布式领导”的管理模式，让每位教师甚至学生都来承担年级的某项任务或者某个领导角色，在任务不断地出现和取消中很好地代替了班主任的工作，同时还加强了学生在集体中为自己负责的自主意识。这是一场涉及课程形态、班级组织形式、学生管理方式、学校组织结构，最终乃至整个学校生态的全方位变革。

① 和学新，武文秀. 学校变革理念何以能落到实处：北京十一学校的教学组织形式变革及其启示[J]. 当代教育科学，2019（5）：82-85.

## 思考题

1. 如何理解影响实验内在、外在效度的因素?

2. 如何进行实验控制?

3. 基础实验设计中，实验设计模式如何分类?

4. 联系实际，自拟一项实验研究课题，选择适当实验模型并进行具体的实验设计。

# 第七章　质的研究法

## 第一节　质的研究概述

### 一、质的研究起源与发展[①]

质的研究起源可以追溯到人类文明发源地之一的古希腊。质的研究中一个最主要的方法是民族志。“民族志”（ethnography）一词的词根是“ethno”，来自希腊文中的“ethnos”，意指“一个民族”或者“一个文化群体”。“民族志”是指对人以及人的文化进行详细地、动态地、情境化地描绘的一种方法，探究特定文化中人们的生活方式、价值观念和行为方式。这种方法要求研究者长期与当地人生活在一起，通过自己的切身体验获得对当地人及其文化的理解。

民族志源于西方一些发达国家的学者对世界上其他地区残存的“原始”文化所产生的兴趣，希望通过对异文化的了解反观自己国家文化的发展历程。

---

① 陈向明. 质的研究方法与社会科学研究[M]. 北京：教育科学出版社，2000：25-31.

在社会科学研究领域真正开创长时期实地调查传统的是人类学家布罗尼斯拉夫·马林诺夫斯基。除了人类学家以外，质的研究中实地调查的传统还可以追溯到社会学领域。美国的杜·波依斯著作《费城的黑人》被认为是早期城市民族志研究的一个优秀典范。这个时期实地研究的重点主要放在如何从文件中挖掘当事人的观点与态度，对于研究者个人在收集资料过程中所起的作用并未给予足够的重视。

从1930年到1960年，随着殖民主义的衰落以及非洲和亚洲民族国家的兴起，西方的人类学开始受到独立国家人民的排斥，因此西方人类学家也逐渐具有了自我反省的意识。他们意识到自己实际上受殖民主义国家利益的驱使，想要保持学术上的“价值中立”是不可能的；意识到自己作为研究者没有给予当地文化应有的尊重，开始对自己作为研究者的政治身份和权力地位进行反思，并逐渐将注意力放到对历史文献、语言学以及自己国家本土文化的研究上。其中最有影响力的是“芝加哥学派”，他们借鉴人类学的方法，对城市的贫民、种族、区域特征等问题进行了长期的实地研究，开创了“城市生态学”这样一个新的研究领域。研究者已经意识到，独特的文化无处不在，把国内的这些独特文化记录下来，不仅可以为政府机构的改革提供丰富资料，还可以提醒公众关注社会上的受害者和失利者。这时期的研究者不再是一个客观的、中立的且保持一定距离的观察者，而是一个有人性的科学家，其自我及其与被研究者的关系成了衡量研究结果的一个重要标准。

20世纪60年代以后，质的研究受现象学和阐释学的进一步影响，质的研究者们进一步意识到研究的过程实际上是一个研究者与被研究者双方彼此互动、共同理解的过程，研究者本人是最主要的研究工具，研究者的工作方式在很大程度上影响研究结果。

## 二、质的研究的定义与特点

质的研究是以研究者本人作为研究工具，在自然的情景下采用多种收集资料的方法对社会现象进行整体性探究，使用归纳法分析资料并形成理论；通过与研究对象互动，对其行为和意义建构获得解释性的一种活动。①

根据质的研究定义，可以从以下五个方面理解质的研究特点。

### 1. 质的研究是在自然情景中进行的研究

质的研究非常强调研究情景的自然性，认为将问题置于各种相关因素有机联系的真实情景中，更能认识和探索研究对象的本来面目。教师利用质的研究来研究教育现象时，可以通过自己的教育教学活动对被研究者进行参与观察或非参与观察，从而深入被研究对象的经验世界，研究他们的所思所想；也可以通过在现实的生活情景中对当事人进行深度访谈，研究被研究者的内心世界；还可以通过收集凝聚了被研究者丰富特征的有关实物，揭开实物与被研究者之间的复杂关系。

### 2. 质的研究是通过描述性的手法进行的研究

质的研究利用文字、图片等描述性记录材料，对被研究对象在研究现场的言语、行为、情绪等方面特点进行分析，解释社会中各

① 陈向明. 质的研究方法与社会科学研究[M]. 北京：教育科学出版社，2000：12.

种复杂现象的内在关联。质的研究强调研究者深入微观、深层、特殊的社会现象进行细致与深刻的体验，并在此基础上对观察或访谈的结果进行详尽记录。在研究手法上，质的研究搜集到的观察记录、访谈记录与文献资料往往是描述性的，在表述研究的结果时也是利用描述性文字或图片。①

**3. 质的研究强调以整体的观点看待研究现象**

质的研究认为，在社会科学中应用量的研究，是把具有整体联系的研究对象抽取出来，还原为几个变量。这种“科学—实证”取向的研究方法是把复杂的社会现象或过程分解为若干的因素或独立的几部分，是把复杂问题简单化的体现。② 以小学生的逃学原因研究为例，量的研究往往是先设想好关于小学生逃学的几个原因，比如自控能力差、受不良朋友引诱、缺乏上进心与责任感等。再通过问卷调查，统计分析各种原因所占比率，然后根据调查结果，简单地把小学生逃学的原因归纳为自控能力差、上进心弱或缺乏责任感等，却看不到这些逃学儿童所面临的各种复杂困境，看不到他们心底的挣扎。但在应用质的研究来探求小学生的逃学原因时，要求研究者尽量抛开自己已有的结论，把研究的现象还原到被研究者的生活当中，尊重当事人的经历，从当事人的经验出发，了解他们的日常生活，了解事件发生和发展的全过程，抽丝剥茧地呈现逃学儿童的复杂内心世界，了解他们所处的生活环境以及这些环境对其思想

① 胡中锋，黎雪琼. 质的研究之反思[J]. 广州大学学报（社会科学版），2003（11）：74-78.

② 李朝英. 关于“质的研究”与“行动研究”[J]. 山东教育，2001（33）：13-14.

和行为的影响，了解他们赖以生存的社会环境的完整性。

**4. 质的研究通过归纳的思维方法建构理论**

质的研究中不一定要证实什么，主要是发现什么，也就是在不断地搜集资料、不断地分析归纳的过程中发现其中的关联性。研究者必须要沉浸在文字材料中，跟着材料走，逐字逐句地找关键词、关键句，从当事人的话语、立场上，寻找当事人的观念，了解当事人到底想表达什么，探究他所表达的是一种怎样的思路，再根据这些关键话语找出主题思想，最后归纳出文章的主题。①

**5. 研究者本人是研究的工具，在质的研究过程中承认并反思研究者的价值取向**

在质的研究中，研究者本人就是一种主要的研究工具，研究材料主要是通过研究者与被研究者的实质性接触来获取，研究者要善于通过各种方式与被研究者建立良好关系，与他们进行深入的交往、沟通，对他们进行长时间的观察、访谈。研究者通过自己的亲身体验了解被研究者的生活故事和意义建构，然后想方设法地把自己和被研究者一起构造的事实“拼凑”起来展示给他人。在研究的过程中，质的研究一方面承认价值涉入的存在，承认研究者在研究过程中始终以自己的主观视角去审视研究中的情景和情景中的人；另一方面，强调研究者需要对自己的“前设”和“预见”不断地进行反思，反思自己的身份、角色、个性以及与被研究者的关系等因

① 熊秉纯. 质性研究方法刍议：来自社会性别视角的探索[J]. 社会学研究，2001（5）：17-33.

素对研究过程与结果的影响。[①]

## 三、质的研究的理论基础

质的研究首先是借鉴了人种方法论和文化概念论等理论的研究成果，强调研究者要想了解人们的行为，就要努力地进入当事人的经验世界，去了解他们是如何观看、理解和解释他们生活世界中的次序，并设法将当事人潜在的或暗含的社会文化转化为明显可见的特质。同时，解释学的理论为质的研究提供了坚实的理论基础。解释学发源于象征互动主义和现象学。[②]与实证主义相反，解释学认为价值和理论中立是不可能的，社会是人创造的，各种社会现象的产生与发展受人类心智的影响。在对各种社会现象进行研究的过程中，研究者个人在感知力、想象力、记忆力、思维力等方面的认知特点，在需求、兴趣、价值观、能力、性格等方面的个性特点和研究者个人的生活经历，以及研究过程中的情感、情绪状态等都会不可避免地影响研究进程。所以，解释学不承认研究过程中主体与客体互不相干，认为研究者与研究对象之间是相互依存、互为主体的关系，通过主体反映出来的客体，其实是主体眼里的客体，是主体对客体的一种解释，是主体在和客体进行相互作用的过程中对客体的一种意义建构。

① 胡中锋，黎雪琼. 论教育研究中质的研究者[J]. 华南师范大学学报（社会科学版），2005（4）：109-113，133.

② 陈向明. 社会科学中的定性研究方法[J]. 中国社会科学，1996（6）：93-102.

## 四、质的研究实施程序

质的研究实施过程可以分为四个阶段。第一阶段，研究课题的设计与抽样；包括确定研究问题、陈述研究目的、提出研究问题、了解研究背景、构建研究框架和抽样等具体环节。第二阶段，搜集资料；包括与研究对象建立关系、进入现场、搜集资料等环节。第三阶段，整理与分析资料；包括整理资料、分析资料、得出结论、建立理论等具体环节。第四阶段，检验研究结果和撰写研究报告；包括检验效度、讨论推广度和道德问题及撰写研究报告等。

# 第二节　质的研究课题的设计与抽样

## 一、设计研究课题①

质的研究是一种有目的、有计划的研究活动，这种研究活动是从设计研究课题开始的。设计研究课题的过程主要包括：确定研究问题、了解研究背景与现状、确定研究内容与研究方法、思考研究价值、制订研究工作的预期方案与步骤等。其中，确定研究问题是关键。

### （一）确定研究问题

确定问题时首先要选择问题。选择问题从选择研究现象开始。

① 胡中锋，黎雪琼. 质的研究之反思[J]. 广州大学学报（社会科学版），2003（11）：75.

研究现象是指研究者希望集中了解的人、事件、行为、过程和意义的总和，是研究者在研究中将要涉及的领域和范围。[①]例如，在教育研究中选择问题时，研究者通常要思考："我要研究教育中的哪个领域？我要研究这个领域中的哪个问题？"当问题选择好以后，还要确定问题，也就是进一步思考"我为什么要研究这个问题""我要研究的这个问题有没有意义"。一般来说，所确定的问题是否有意义可以从社会需要和个人需要两个维度去评价。例如，在教育研究中，在初步选择好研究的问题后，可以继续思考"这个问题是不是教育理论发展或教育改革中最迫切需要解决的问题""我对这个问题的研究是不是有强烈的研究欲望与热情"等。

对于初学者来说，研究的问题不宜过大、过散、过多。从众多的问题中选择一个突出的、较小的问题来研究，既便于搜集资料，也便于分析资料。[②]

### （二）了解研究背景与现状

任何的研究都是基于一定研究背景进行的，研究者在研究问题确定后，要广泛查阅相关文献资料，以了解本课题当前的研究背景与研究现状。要查阅的文献资料主要包括学术界对此课题的相关研究和当前的社会文化背景。在质的研究中，查阅文献时还要了解研究者本人的文化背景和生活经历。

---

① 陈向明．质的教育研究中研究问题的界定[J]．教育评论，1999（1）：28-31.

② 杨钋，林小英．聆听与倾听：质的研究方法应用论文文集[M]．北京：教育科学出版社，2001：52.

### （三）确立研究个案与研究方法

研究问题的确定只是决定了研究的大体内容与方向，在确定问题和了解研究背景和研究现状后，还要确立具体的研究个案，确定研究的目标，构建研究内容的具体框架，思考“研究的当事人是谁”“对哪些事件进行研究”“研究在什么场合进行”等问题，并在此基础上选择用什么方法搜集资料和分析资料，用什么样的思维方式进行研究以及如何评价研究的过程与结果，等等。

### （四）思考研究价值

判断一个研究是否具有价值可主要从三个方面进行。第一，理论价值。研究成果能否加深或者拓宽本课题的理论认识。第二，实践价值。研究成果能否对相关的实践工作起指导作用。第三，创新价值。本研究与前人的研究相比，在研究方法、研究过程、研究结果等方面有什么创新。

### （五）确立研究工作的预期方案与步骤

为了保证研究有组织、有计划地进行，研究者在开始研究活动前要对研究时间与进程安排、研究个案落实、研究人员分工、研究预期成果等方面做出具体的预期方案。与量的研究相比，质的研究在预期方案的实施中有更大的灵活性与开放性，可随研究的推进不断改进。

## 二、抽样

抽样的过程是对受试者进行选择的过程。当确定研究问题之后，研究者要确定研究对象，即确定被研究的时间、地点、人物和事件等。研究者可以围绕研究问题不断地问自己：我打算在什么时候、在哪里、对哪些人进行研究？我打算研究这些人的什么事情？我希望他们能给我提供什么信息？

在质的研究过程中，由于研究者必须与被研究者直接接触，需要耗费研究者和被研究者较多的时间与精力，在操作上很难做到对较大的样本进行研究。所以，质的研究是基于小样本的个案研究。与量的研究中通过概率抽样而获得较大样本的抽样方式不同，质的研究是通过目的性抽样抽取能够为本研究问题提供最大信息量的小样本。“目的性抽样”具体见本书第五章第三节的“常用的非随机性抽样方法”。

在质的研究中，具体的抽样方式主要包括以下三种。①

### （一）机遇式抽样

机遇式抽样是一种见机行事的抽样方式，即根据当时当地的具体情况进行抽样，这种抽样通常发生在研究者到达实地以后，特别是对本地情况还不太了解，而且有较长时间在实地进行调查时。这种抽样灵活性大，往往会让研究者得到一些意想不到的结果，如例7-1。

① 陈向明. 质的研究方法与社会科学研究[M]. 北京：教育科学出版，2000：45-47.

**例 7–1　机遇式抽样**

一位小学教师到某所学校的某个班级进行参与式观察，他打算对小学生的人际交往进行研究。开始的时候，他不知道应该选择什么样的事件进行重点观察。经过一段时间的观察，他发现小学生在交往的时候，大多数男生只和男生玩，大多数女生只和女生玩。他觉得这个现象很有意思，反映了小学生的性别认同，于是他决定重点观察小学生人际交往中的性别特点。

### （二）滚雪球式抽样

这是一种通过知情人士不断扩大样本量的抽样方式。当研究者根据一定的渠道找到一位知情人士后，通过追问他还有谁有着类似的情况，或者追问他还有谁对这个问题比较了解，进而一层一层地问下去；这样得到的样本就会像滚雪球一样越来越多，如例7-2。这种抽样方式的优点是省时、高效，缺点是因为知情人都是熟人或者朋友，所以他们的情况或者观点可能类似，样本的异质性可能不太高。

**例 7–2　滚雪球式抽样**

一位与丈夫分居两地的中学女教师在教育自己孩子的问题上常常一筹莫展，有时候甚至感到心力交瘁。于是她希望通过深度访谈来研究其他分居两地的夫妻是如何教育、管理自己孩子的。她通过朋友介绍找到了一对分居两地的夫妻（他们的孩子正在读小学五年级）作为研究对象后，她又追问这对夫妻所认识的朋友中是否还有类似“夫妻分居两地、孩子正在读书”的情况，一层一层地追寻下去，被研究者越来越多，直到研究者觉得研究的样本足够大、获取的信息足够饱和为止。

### （三）方便抽样

方便抽样是指受种种因素限制，研究者在选取被研究者时只能根据自己的方便来进行，这是一种“懒人”的抽样方法，省时、省力、省钱。但由于这种抽样方式没有设定较为严格的抽样标准，所获得的研究结果往往比较松散，缺乏针对性，因此研究者应尽量少用这种抽样方法，只限于实在是找不到自己所需要的样本时才使用（见例7-3）。

**例 7–3　方便抽样**

一位小学教师希望了解小学生大概从什么时候开始学会撒谎，在什么情况下会撒谎以及他们撒谎时的种种表现。研究之初，她找来了自己所任教学校的5名小学生来访谈这个问题。但由于撒谎毕竟是一件不光彩的事情，小学生对自己的教师根本没法敞开心扉，所以她最后放弃了把小学生作为被研究者的念头。结果，她只好找来几个关系比较融洽的家长了解其子女成长过程中出现撒谎行为时的有关情况。

# 第三节　资料搜集

资料搜集从进入现场开始，研究者在确定研究对象后，要尝试与受试者进行接触，进入现场也不是一劳永逸的。成功地进入现场后，研究者还要善于与受试者维持良好的关系。

## 一、进入现场并维持关系

在质的研究中，研究者本人是主要的研究工具，研究的资料主要是通过研究者与受试者的互动来获取的。在研究的过程中，研究者要全身心投入地去接触、理解受试者，研究者与受试者之间的交往、沟通会相互渗透和影响，不仅深刻地影响着研究的进程与结果，而且也是主要的研究信息来源。研究者进入现场的主要工作内容包括：思考“守门员”的问题；选择进入现场的公开程度；接触受试者，争取对方的支持；妥善处理进入现场失败的情况。

### （一）思考“守门员”的问题

研究者进入现场时，首先要思考的问题是“守门员”的问题。“守门员”指的是那些在权力系统中对被抽样的人群具有权威力量的人，他们可以决定这些人是否参加研究。[①]例如，研究者要到某所学校去对部分中小学生进行研究，在征得学生本人同意的同时，

① 陈向明.“质的研究”中研究者如何进入研究现场[J]. 高等教育研究，1997（4）：64-70.

一般还要征得该学生的家长及班主任的同意，有时甚至还要获得校长的批准。这里的家长、班主任、校长等人就是研究者在接触受试者前遇到的“守门员”。

研究者在开始研究之前主要是从两个角度来思考是否应该获得“守门员”的同意。一是看受试者是否已成年，如果受试者已经是成年人，研究者往往只需要征得受试者个人同意即可；如果受试者是未成年人，就要在征得受试者同意的同时再征得“守门员”的同意。二是看该研究对受试者生活的影响程度，如果研究者是在封闭的场所（如学校）进行较长时间的深入观察或个案调查，对受试者本人及其周围人的正常生活造成明显影响的，也要在征得受试者同意的同时征得“守门员”同意，如例7-4。

**例 7-4　思考“守门员”问题①**

主观上的过分自信，使我忽略了学生身后的教师与家长，说实在话，我是在写作业，所以不想惊动太多的人，但生活有时就是在捉弄人，越是想回避，越是摆脱不了。第一次访谈的时候，学生没有向她爷爷解释清楚“找她谈话的阿姨是谁”，所以，下班回家的父亲一听到这个消息就急忙骑自行车来我家找我。学生的父亲气势汹汹，态度非常生硬。当我告诉他，我是北京化工大学的教师，想找他的孩子了解一些班级情况时，他不客气地打断我的话，对我说：“我是教育部的。”当他看见还有一个孩子时，忙问我：“这个孩子是谁？”我告诉他：“那是我的女儿，与你的孩子是同

① 杨钋，林小英. 聆听与倾听：质的研究方法应用论文文集[M]. 北京：教育科学出版社，2001：54.

学。”这时，我看到怒气立刻从他的脸上消失了。“你怎么不早说，放学了，孩子没有按时回家，家里老人非常担心，万一遇到拐卖儿童的骗子怎么办？你找孩子了解情况可以，但是要提前给家长、老师打个招呼。”听了他的话，我心里很恼火，但也认识到确实是自己做得不合适。

### （二）选择进入现场的公开程度

对于有的研究，研究者在开始的时候可能就预料到自己的研究肯定会遇到当事人或“守门员”的拒绝。这时，研究者就要考虑自己进入现场的公开程度，并根据实际情况选择进入现场的方式。依据研究者进入现场的公开程度，可以把研究者进入现场的方式分为三种：隐蔽式进入、直接公开式进入和逐步暴露式进入。

隐蔽式进入是指研究者进入现场时隐瞒自己作为研究者的身份，以完全参与者的身份去接触受试者，其出发点是为了避免协商进入现场的失败。隐蔽式进入的优势是进出现场自由，可以根据研究的需要随时进出现场，其缺点是作为一个隐蔽的研究者一方面不可能像公开的研究者那样广泛地接触受试者，另一方面也很难与受试者讨论敏感性话题。①

直接公开式进入是指在研究一开始，研究者就直接告诉对方自己研究的目的、计划、程序甚至具体的研究过程和细节等，以获得受试者的全力支持。直接公开式进入有着一个非常突出的优势，就是表现出对受试者莫大的尊重，这体现了有效沟通中的信息对等性。但是这种方式的风险较大，一般更适用于受教育程度较高的受试者。

① 陈向明. 教师如何作质的研究[M]. 北京：教育科学出版社，2001：65-67.

逐步暴露式进入是指在研究的最初，研究者只是简单地向对方介绍一下自己研究的总体计划，然后随着与受试者互动关系的逐步建立以及研究进程的逐步推进渐渐地暴露自己研究的计划与程序。逐步暴露式进入的优点是研究者在处理与受试者的互动关系时更加主动与灵活，既不像隐蔽式进入那样因说谎而存在着较大的心理压力，也不像直接公开式进入那样存在着较大的风险，缺点是进度不易把握，要求研究者有较强的审时度势的能力。

### （三）接触受试者，争取对方的支持

受试者是研究的主要对象。为了争取受试者对自己研究的支持，研究者与受试者进行沟通时，首先要向受试者说明自己的身份，然后简单介绍研究的内容、目的、方式、原则等，并强调质的研究是为了理解对方而不是评价对方，对方的回答只有“真实与否”而没有“对错之分”。研究者要通过适当的方式直接与受试者联系。在写信、写邮件、打电话、登门拜访等联系方式当中，打电话往往是最佳的“敲门砖”，因为电话交流是一种声音接触，既能让双方产生亲切感，又避免了贸然见面的唐突，而且平等、快捷，不太受时空限制，如例7-5。

**例 7-5　运用电话进入现场**①

对于四个研究的对象，（打电话时）我采用了相类似的自我介绍方式。首先是进行一些寒暄或询问（以便拉近彼此的距离），然

① 杨钋，林小英．聆听与倾听：质的研究方法应用论文文集[M]．北京：教育科学出版社，2001：72.

后说：“我之所以打电话给你或者找你，是想寻求你的帮助或合作，这对于你来说，可能是一件很痛苦的事（我研究的内容是关于作弊的，实际上是在揭对方的伤疤，所以先给他一点暗示，有些心理准备）。我最近在学习一种‘质的研究方法’，这个方法的特点是……”在此基础上，我进一步表明我的想法：“一方面是为了练习使用这种研究方法，但也不是单纯地为了研究而研究，还是希望能选择一个比较有价值的题目。由于自己工作的关系，最后确定以高校的作弊现象为研究课题。我选择这个题目是因为这个现象在高校很普遍，那么你怎么样看待这件事？做出这种行为是不是就只是为了一个简单的分数，其背后是不是还有其他更为复杂的原因（尽量不使用‘作弊’的字样，而是使用‘这种行为’以免对方受刺激）？而且在学生中，可能大多数同学并不认为这种事可耻，并未将它与个人的道德联系起来，那么同学是怎样看待这个问题的？”（这样表述以拉近与他们的心理距离，而且表明我是站在研究者的角度看待和对待作弊这件事，我是站在与他平等的地位来客观分析和研究这种现象，而不是以一个代表正义的教师或者教学管理人员的身份出现。这样，从一开始就建立一种比较轻松的气氛，以便这个比较敏感的话题能够进行下去。）

打电话的基本准则是声音清楚、礼貌、简明、机智，说话要慢些并表现为积极热情的个性。打电话时要注意的问题有[①]：第一，打电话前要作好充分的准备，例如明确自己打电话的目的与主题、

① 此处参照了清华大学经济管理学院吴维库博士“团队内的沟通”讲座提纲，特此致谢。

了解对方的身份、确定说话的语气与风格等，同时还要准备好谈话过程中可能要用到的各种文件、相关资料、白纸等。第二，打电话时拨号要细心，在其接通电话之时与对方要“口头握手”，即相互问好。第三，打电话时要随时作好记录。第四，公认的打电话惯例是由打出电话的人决定何时结束电话。第五，打电话之后，要记下日期及需要继续联系的事项。

### （四）妥善处理进入现场失败的情况

凡事在追求成功的同时也要做好万一失败的善后准备。在研究者进入现场时，受试者有时候可能会出于种种原因而拒绝参与研究，这时研究者就要妥善地处理进入现场的失败。首先，研究者要对自己的言行进行反思，反省自己是不是在有意或无意之中忽略、伤害甚至触怒了受试者。其次，如果受试者拒绝是由于研究者的不适当行为引起的，研究者要道歉并调整沟通方式，努力去沟通或弥补，以取得对方的谅解和支持。再次，拒绝本身也是一个重要信息，一方面可以为研究提供丰富的资料，另一方面可以为以后的研究工作积累研究经验与体验。最后，如果受试者确实是出于自己的理由而拒绝参与研究，应该尊重他们的选择。

## 二、资料搜集方式

质的研究主要是通过在访谈或观察研究者的基础上对受试者在研究现场中言语、行为、情绪等方面的特点进行分析，从而解释社会中各种复杂现象。文字或图片资料的搜集是研究过程中的中心环节，搜集资料的主要方式有访谈、观察和实物分析等。

## （一）访谈

访谈是通过研究者访问受试者并且与其进行深入交谈的一种活动。质的研究中，访谈主要包括开放型访谈和半开放型访谈。开放型访谈通常没有固定的访谈问题，研究者鼓励受访者用自己的语言发表看法，形式不拘一格，可以根据当时的情况随机应变，这类访谈的主要作用是了解受访者认为重要的问题以及他们自己对问题的诠释。半开放型访谈是研究者对访谈的结构具有一定的控制，根据自己的研究设计对受访者进行提问，也鼓励受访者主动参与，谈论自己感兴趣的问题。在研究的初期往往采用开放型访谈，随着研究的逐步深入，研究者可根据开放型访谈中出现的重要问题进行追问，使访谈慢慢转向半开放型访谈。①

研究者在访谈过程中的活动主要包括提问、倾听、回应、记录及建立亲和力。

### 1. 访谈中的提问

质的研究中，访谈与生活闲谈的最大区别在于前者有更强的目的性与规范性。成功的访谈从“问好问题”开始，提问前要设计好提问的提纲，如例7-6，设计问题和实际提问时要反复考虑以下五个方面的问题（5W1H）。

（1）WHY（目的）。提这些问题的动机是什么，是希望被告知一些事实，还是希望启发对方作进一步思考？或是希望对方进一步解释？

① 陈向明. 质的研究方法与社会科学研究[M]. 北京：教育科学出版，2000：25-29.

（2）WHO（何人）。谁是受访者？对方是哪类人？他的个性、受教育水平、年龄、地位如何？他对我的信息主题已经了解多少？他对我的信息可能有什么反应？

（3）WHEN AND WHERE（在何时何地提这些问题）。提问时间是定在受访者的工作时间还是休闲时间？具体在一天的什么时候？提问的地点是在受访者的家里还是办公室，或者公众的场所？现场是封闭的还是开放的？有没有其他人在场？要是有其他人在场，这些人对受访者会产生支持感还是压力感？

（4）WHAT（主题）。希望听到什么？希望了解他们什么？哪些信息可以被采用？哪些信息可以省略？哪些信息是必须重视的？对于重视的信息怎样进行追问？

（5）HOW（怎样，语气和风格）。如何表达问题？采用何种语气？选用哪种词汇？

**例 7–6　访谈提纲**①

访谈的目的是拟了解归国留学人员在归国前后的心态，归国的原因及影响他们归国的因素，并通过他们的亲身经历了解他们对归国留学人员优惠政策的看法等方面的问题。在访谈开始之前，经过集体讨论，我拟定了初步的访谈提纲：

1. 在美国学习、生活的经历和感受；

2. 做出回国决定的过程和感受；

3. 回国的过程和感受；

① 杨钋，林小英. 聆听与倾听：质的研究方法应用论文文集[M]. 北京：教育科学出版社，2001：269.

4. 回国后的工作、生活经历和感受；

5. 对自己回国决定的评价；

6. 对归国留学人员优惠政策的了解和看法。

**2. 访谈中的倾听**

“听”不仅是对受访者的一种鼓励，也是“问”的目的与结果。在质的研究中进行访谈，研究者主要通过“聆听”的方式来获取关于微观的、深层的、特殊的社会现象的深刻体验。因此，从搜集研究资料的角度来说，“听”比“问”更重要。“倾听”不仅仅要用耳听，更要用心聆听，研究者在“倾听”时要专注、移情、接受并通过追问而获取完整信息。积极倾听的主要技巧如下。

（1）有耐心，保持开放的心态。

在质的研究中，研究者是处于一个特定时间段、一定地区，富有人性地对人类生活进行研究。研究者对于研究对象有着自己的关怀，以学习者的心态去倾听受访者的“故事”，要有开放和包容的心态，有耐心，能够尊重文化的多样性和价值的多元性，容忍更多的模糊性和不确定性。

（2）表达关注，充满关怀。

质的研究本身是一个充满人性情感的活动。研究者要善于表达倾听的兴趣，尊重受访者，避免做出致使受访者分心的举动或手势；通过目光的接触、赞许性的点头和恰当的面部表情表达对受访者的关注，关注平凡人的内心世界，关怀受访者，把受访者的体验放在突出位置，追求人我隔膜的消弭和人类的自我完善。

（3）容许沉默，不要多说。

在日常生活的闲谈中，沉默往往会带给交流双方一种无形的压力，所以当闲谈中出现沉默时，交流的双方总会想方设法地去打破沉默。在质的研究中，沉默往往意味着受访者正在深入思考或者是暂时没找到适当的语言表达自己复杂的内心世界，所以研究者要学会宽容和允许沉默，要善于克制自己，避免喧宾夺主。

（4）听的目的是了解人，不是评价人。

教育是一种与人打交道的活动，质的研究的出发点是了解人的声音与踪迹，通过访谈者与受访者的互动，从受访者的独特视角去了解教育现象，所以听的目的是了解人而不是去判断人。研究者不要随便给予对方建议、劝告或解决问题的对策，也不要以自己的经验去诠释对方的行为，更不要以自己的观点、动机去评价对方的行为价值。

**3. 访谈中的回应**

访谈是一种双向的信息交流活动，在访谈的过程中，访谈者不仅要用心提问，积极倾听，而且要适当回应，把自己的意向思想和情感有意识地传递给对方。研究者在倾听受访者的“故事”时，回应的方式包括言语行为回应和非言语行为回应。研究表明，在人与人交往的结构中，真正达到沟通作用的信息只有7%来自语言文字本身，有38%来自说话时伴随的语调语气，有55%来自非语言的面部表情和肢体动作。

访谈者通过非语言的面部表情或肢体动作回应受访者是访谈的一种基本技巧。在访谈的过程中访谈者可以通过目光接触、微笑、点头表示认可，鼓励对方继续把故事“说下去”；也可以通过皱眉表示疑惑，鼓励对方把故事“说明白”；还可以通过目光接触表示同情与关注，鼓励对方把隐藏于心底的故事“说出来”。

研究者通过言语行为回应受访者的故事时，一般有三种不同程度的回应：①重述字句——只是重复对方的话语，没有表述研究者自己的感受；②重整内容——用研究者自己的话囊括对方的述说，从而理解受访者所述的意义；③反映感受——研究者深入了解受访者的故事，并通过适当的言语以及停顿、语气和音调强弱的变化等把研究者自己的感受及时表达出来，自然地与受访者取得共鸣，双方都能体验到沟通与理解的快乐。

#### 4. 访谈中的记录

记录是资料搜集的必要环节。在访谈中的记录要注意两点：第一，尽量把受访者的原话记录下来，最好能够在征得受访者同意的情况下进行录音或者录像，如果确实不能录音或者录像时，要尽量把受访者所说的每一个字以及说话时的具体表情都记录下来；第二，处理好记录与提问、倾听、回应之间的关系，既不能因为忙于低头记录而忘了深入的提问、积极的倾听与适时的回应，也不能因为忙于提问、倾听而忽略了记录，为了解决这个矛盾，研究者可以自己创造一些速记方法进行速记，然后在访谈结束后立即对记录内容补充，如例7-7[①]。

① 杨钋，林小英. 聆听与倾听：质的研究方法应用论文文集[M]. 北京：教育科学出版社，2001：99-101.

**例 7–7　访谈记录**

【访谈一】

我：那你对咱们的教育制度或者考试制度怎么看？因为你上次说，你（作弊）是因为考试制度造成的。

芸芸：我觉得这种考试制度特别束缚。比如从小学到高中的考试都必须按照老师的标准答案答卷，哪怕你自己能够自圆其说也不行。大学考试稍好一点，但要求背的东西还是比较多，很多时间都花在背上，即使你前半个学期不好好学，后一个月你花点时间背，最后也能得个80来分。虽然你不可能得更高的分，但这已经很高了。我觉得这样下去，特别没有发展前途，能力都没培养出来。我觉得咱们的考试吧，考试试卷出得不好，也不是说咱们老师没水平（笑），但觉得这种试卷跟高中没什么区别，就没有上大学以后的那种感觉，还跟中学似的，顶多是课程松了点，平时比较自由一些。

我：你觉得大学和高中最大区别是自由和轻松？

芸芸：对，可能有时在课上大脑紧张一些，但大多数时间是比较自由的。比如今天我们上课，课上的人肯定不够总数（笑），平时上课也很少有人来齐的时候。

我：你觉得这个轻松是由于咱们的课程设置，或是由于老师放松要求，还是同学们自己放松了？

芸芸：我觉得应该是同学们自己放松了，原因还在考试上。如果试卷设计成学生不好好听就考不过，那大家肯定都要听。

……

【访谈二】

我：大家的学习热情不是很高，都是在混吗？

兵兵：也不能说都在混，三分之一的人在认真学习，三分之二不学习，可能多数人是为了考试及格。比如现在的选修课，后三、四排的人都没听课，干什么的都有。

我：他们心中没有目标吗？

兵兵：他们都有目标，但心思不在这上面。都有自己想干的事。有的人目标与学习相符，他们可能就努力点；有的人目标与学习不符，学习就差一些。

兵兵：还有一个问题，老师、学院总是要求我们不逃课、不旷课，那么这门课的质量到底有多高？大家是不是在认真地听课，觉得课很有意思？像××课吧，我想可能绝大多数同学都认为这门课没意思，不喜欢听。当然听课也不能完全凭兴趣出发，可是为什么要开这门课呢？

……

**5. 访谈中亲和力的建立**①

每次访谈的时间一般是在一个半到两个小时左右，访谈者欲要获得对方的信赖和好感，就要懂得如何在较短的时间（如十几分钟）内建立亲和力，通过使对方觉得你与他们相像，而真正走进受访者内心世界。

建立亲和力的方法主要有以下五种方式。

① 此部分内容参考了清华大学经济管理学院吴维库博士“团队内的沟通”讲座提纲，特此致谢。

（1）情绪同步。

在情绪上、心境上与沟通对象处于同样的频率，与对方共鸣。如果对方是严肃的，研究者也要相应地严肃一点；如果对方是兴高采烈的，研究者也应该喜笑颜开。

（2）共识同步。

思考是前后关联的，所以思考可以通过相互的沟通而延续。访谈中的提问必须引至研究的目的，提问要自然流畅，引起对方的兴趣，通过提问好的问题把对方的思考引导至研究需要的方向上。

（3）生理状态同步。

通过对映或临摹对方的方式，实现在文字、声音、语调、语速、肢体语言等方面同步，能够和对方达成共同的沟通模式，从而产生共鸣。但要注意不能模仿对方的生理缺陷。

（4）语言文字同步。

尽量使用对方的语言，尊重对方的语言表达方式及习惯。

（5）价值观及信念同步。

访谈时尽量认同对方，在谈话时少用“可是”“但是”“就是”，多用“同时”“我很了解”“很感激”“谢谢你”。例如，在访谈中受访者所谈的内容与研究者的访谈目的相去甚远，想转换话题时，可以说“我很理解……同时我想知道……”，或者说“我很尊重……同时我想知道……”。

## （二）观察

观察是有目的、有计划的知觉过程，是人从现实中获得感性认识的主动积极活动形式，是人们学习知识、认识世界的重要途径，也是科学研究最基本的方法。质的研究中，观察是有计划、有目的地观察研究对象在一定条件下言行的变化，作出详尽记录，然后进行分析处理，从而理解他们意义建构的方法。

### 1. 观察的类型

质的研究中，观察包括参与型观察和非参与型观察。

参与型观察是指研究者完全参与到受试者中，成为他们的一员，与他们一起生活、工作，在密切的沟通与交往中察看他们的言行。这种观察的优势是容易使被观察者觉得观察者和他们是“同一伙”的，观察者更容易被观察对象所接受，也更容易与他们产生共鸣，但观察者与被观察者的空间距离和心理距离太近，研究者可能缺乏进行观察与探索所应具备的距离，容易导致研究者对受试者的语言和行为失去敏感性。

非参与型观察是指观察者不直接参与被观察者的活动，独立于被观察者的活动之外，以旁观者的身份去理解事情动态的发展和变化。这种观察的优势是具备了进行观察与探索所应有的距离，研究者对受试者的语言和行为容易产生敏感性。但由于观察者以旁观者的身份进入被观察者的生活，容易使被观察者在心理上对观察者产生一种疏远情绪或者抵触情绪，被观察者可能会刻意地“粉饰”自己。例如，在任何学校的任何班级，当有其他的领导或者教师来听课时，上课的教师和学生在课堂上的言行都会或多或少存在着“粉饰”成分，教师可能会更加关爱学生、学生可能会更加聚精会神。

**2. 观察要注意的问题**

（1）观察前要做好充分准备——制订观察计划，设计观察提纲。

观察是一种有目的、有计划的活动，在观察之前要针对观察的对象、内容、范围、地点、手段、时间、频率以及效度等问题进行计划，并列出具体的观察提纲。一份完整的观察提纲一般包括以下几个方面的内容：①谁（有哪些人在场？他们的角色、身份、地位是什么？），②在何时（事情在何时发生？持续多久？频率是多少？），③何地（事情在何地发生？这个地方与别的地方相比较有什么特点？），④做了些什么（事件的具体过程），⑤他们这样做的背景、动机、态度是什么。

（2）观察过程既要全方位，又要突出重点。

在观察的起始阶段，研究者应该以一种开放的心态，对现场进行全方位的观察，以获得丰富的观察结果与材料，在此基础上再逐渐聚集自己的观察焦点，把观察的焦点投放在重点事件上。

（3）及时记录观察结果。

进行观察的同时还要注意及时记录观察结果，记录观察结果的手段主要有三种。一是通过五官感知后深深烙在脑海中，这种方式获得的观察结果往往是意念性的。二是通过录音机、录像机、照相机等电子设备记录下来，这种方式获得的结果往往是音像性的。三是通过手中的笔把观察结果详尽地记录下来，这种方式获得的结果往往是文字性的。在具体的记录过程中，可以根据实际需要把这三种记录手段结合起来应用，在录音或录像的同时充分观察，并把观察的结果及时用笔记录下来，从而获得更全面、详尽的记录。实地笔记的纸张应该比较大，在记录的左边或者右边留下大量的空白，以便今后作补充记录、评说、分类和编码。记录的页面至少分成三部分，左边是时间，中间是研究者观察到的事件，右边是观察者个人的感受、解释或者疑问（见表7-1①）。

表 7-1　实地观察记录表

| 时间 | 观察到的事件 | 观察者的解释或疑问 |
|---|---|---|
| 10:10 | 教师阅读课文，眼睛始终盯着课本，没有看学生一眼 | 教师似乎对课本内容不太熟悉 |
| 10:20 | 教师问了一个课本上有答案的问题（内容略），学生用课本上的答案齐声回答 | 教师似乎不注意鼓励学生用自己的语言回答问题 |
| 10:30 | 教师问问题的时候，用自己的手示意学生举手发言。左边第一排的一名男生没有举手就发出了声音，教师用责备的眼光看了他一眼，他赶紧举起了左手。所有学生举手时都用左手，将手肘放在桌子上 | 教师似乎对课堂纪律管理得很严，绝大多数学生对课堂纪律都比较熟悉 |
| 10:40 | 教师自己朗读课文，学生看课本，静听教师朗读 | 教师为什么不要学生自己先读呢？是否可以要一名学生来领读？ |

（4）重视观察者的自我反思。

质的研究承认研究者个人价值观念对研究过程的影响并强调研究者自身的不断反思。在质的观察中，研究者不但要描述自己所看到的和听到的事实，还要反思自己是如何看到和听到这些事实的。知觉是具有选择性的，观察是一个主动的意义建构过程。在某一瞬间，人不可能对众多事物同时进行感知，而总是有意或无意地把一定事物作为知觉的对象，与此同时，其他的对象则成为知觉的背景。在同一场合下，人们可以有共同的知觉对象，也可以有不同的

① 陈向明. 教师如何作质的研究[M]. 北京：教育科学出版社，2001：138.

知觉对象，前者是由客体的特性以及人们共同的目的任务、兴趣爱好等引起的，后者是由人们不同的需要、兴趣、经验以及当时的心理状态等引起的。观察者在记录观察结果的同时要不断地反思自己的需要、兴趣、生活经验、动机和态度等因素对观察过程的影响。

## （三）收集实物

实物实质上是一种物品文化，与其他研究方法相比较，实物分析具有自然、真实、可信等特点，为我们提供关于被研究者更多的生活背景，进一步扩大了研究视野。

### 1. 实物的类型

从实物呈现的方式来分，实物可以分为文字型实物、图片音像型实物和立体型实物三大类。文字型实物是指以文字方式呈现的报纸杂志、历史文献、个人传记、信件、日记、教材以及学生的各科作业等。这种实物往往能够借助文字把事情的来龙去脉描述清楚、透彻。图片音像型实物是指以声音、影像方式呈现图片、照片、录音、录像、电影、电视和广告等，这类实物可以为研究者提供生动的视觉或听觉形象。立体型实物是指以立体方式呈现的家具、教具、学习文具等具体物品，这种实物带有浓厚的生活气息，较其他的实物更真实、可靠，展现了被研究者的生活背景，凝聚着非言语可以表达的思想情感。

### 2. 收集实物注意的问题

第一，在收集实物的时候要征得实物主人的同意，并且许诺保密。即使这个实物的主人是一个小学生，也要对他们表示应有的尊重。

第二，在收集实物的过程中，不仅要收集实物的本身，还要了解实物的背景，例如通过询问主人了解“此实物是怎么样来的”“此实物曾经被用来做什么”“主人怎么评价此实物”等。

第三，研究者在收集实物的过程中也要注重自我反思。质的研究是一种非常强调自我反思的研究方法，要求研究者在每一个环节都要不断反思自己的研究过程。研究者在收集实物的时候，可以围绕着研究主题不断地问自己“我收集的这些实物的出发点是什么”“这些实物对我的研究主题有什么帮助”等。

## 第四节　资料整理与分析

资料整理与分析是指对所收集的原始资料进行加工，使其逐步趋于系统化和条理化。通过一定的分析手段，研究者可以将资料“打散”“重组”“浓缩”，然后在新基础上进行整合，其最终的目的是对原始资料进行意义解释。

### 一、资料整理

资料整理包括两个方面。一是资料搜集过程中的补充整理。每次从实地回来后，研究者都要及时地对笔记进行整理，把当时来不及记录的信息、细节及时地补充完整。二是资料搜集到饱和程度以后的编号整理。第一步，对资料按搜集方式进行一级分类，如访谈资料、观察资料、实物资料等，分别用不同的符号标示清楚，例如，用“FT”表示访谈资料、用“GC”表示观察资料、用“SW”表示实物资料。第二步，根据被研究者的不同对资料进行二级分类，可以分别用他们姓名的第一个字母对相应资料进行标示。第三步，根据收集资料的时间或地点的差异编写各资料序号。第四步，对所有资料标示编号和页码后，复印一份，保留好原件，利用复印件进行剪贴和分类，如例7-8。

**例 7-8　资料编号整理**

我在研究小学教师职业倦怠问题时分别对张宁（ZN）老师、李江（LJ）老师、王芳（WF）老师每个人进行了3次访谈、2次观察。每次访谈的地点分别是会议室、办公室和家里，观察的地点是教室。整理资料时，第一步，先把资料分成访谈资料（FT）和观察资料（GC）两类。第二步，按被研究者进行二级分类，分为张宁访谈资料（ZNFT）、李江访谈资料（LJFT）、王芳访谈资料（WFFT）、张宁观察资料（ZNGC）、李江观察资料（LJGC）、王芳观察资料（WFGC）六小类资料。第三步，对每一类资料根据时间或地点编写序号，如根据时间编写为张宁访谈资料一（ZNFT 1）、张宁访谈资料二（ZNFT 2）、张宁访谈资料三（ZNFT 3），其他依次类推；或者根据地点编写为张宁会议室访谈资料一（ZNFT H1）、张宁办公室访谈资料二（ZNFT B2）、张宁家里访谈资料三（ZNFT J3），其他依次类推。

## 二、资料的分析[①]

### （一）资料分析的过程

资料分析的过程一般包括反复阅读原始资料、登录、编码、寻找“本土概念”等环节。

#### 1. 反复阅读原始资料

分析资料的第一步是反复阅读原始资料。阅读原始资料时，尽量抛开研究者自身的前设与经验，熟悉资料的所有内容及内容的每一个细节，耐心细究资料中所蕴含的意义及意义之间的关联。研究者可以在字句的层面上寻找重要的字词、短语和句子及其表述的有关概念与命题，在语义的层面上探讨有关句子和词语的意义，在语境的层面上理解语词出现的上下文以及资料产生时的研究情景，在主题层面追寻与研究问题有关的行为意义。

#### 2. 登录和编码

登录是将有意义的词、短语、句子或段落标示出来。这是一个将资料打散，赋予概念和意义，然后再以新的方式重新组合在一起的操作过程。登录要寻找有意义的码号，“码号”是资料分析中最基础的意义单位。例如，如果在课堂上观察到不少学生在讨论教师的仪表、着装，那么研究者可以建立一个“关注教师仪表着装”的

① 陈向明. 教师如何作质的研究[M]. 北京：教育科学出版社，2001：160.

码号。寻找码号的方式有很多，其中常用的是把在资料中反复出现的词语进行重点登录，如某学者在探讨教师继续进修的动机时，她在访谈中发现三个受访者都反复说到一个词“压抑”，于是，她便把“压抑”作为一个码号进行重点登录。

第一轮登录完成后，研究者可以将所有的码号汇集起来，组成一个编码本，编码本中的码号不宜太多，第一次登录一般不应该超过30～40个，随着研究的逐步深入，编码会越来越集中，数量也会相应减少，像漏斗一样，开始的时候内容比较宽泛，越到后面内容越集中，主题也渐渐凸显出来。

建立编码本时要注意系统性，一般可以按照事件的时间、空间、行动者、活动内容、实物、行为方式、事件过程、目标及感受等角度对码号进行分类，并建立相应的档案袋；档案袋上要标示清楚类别和序号，档案袋里的码号可以根据需要随时调整、归类。

#### 3. 寻找“本土概念”

一般说来，收集到的原始资料数量是非常大的，内容也是非常庞杂的，研究者不可能对每一个词语进行登录。因此，研究者需要从繁杂的资料里抽取能够最有力地回答研究问题的资料。资料抽样的一个常用办法是寻找“本土概念”，即能够表达被研究者观点和情感体验的语言，反映被研究者看世界方式的观念。

### （二）资料分析的方式

分析资料的方式主要有类属分析和情境分析。

**1. 类属分析**

“类属”是资料分析中的一个意义单位，是建立在许多码号组合之上的一个比较上位的意义集合，代表资料所呈现的一个观点或一个主题。类属分析就是把相同属性的资料归入同一类别中，并且赋予一定的概念并对之进行命名。在设定类属时，研究者要充分考虑被研究者对事物的分类标准。为了使资料分析直观、明了，在建立不同类属之间的关系时可以画图，如树枝形主从属结构图、网状连接性结构图等（见图7-1）。

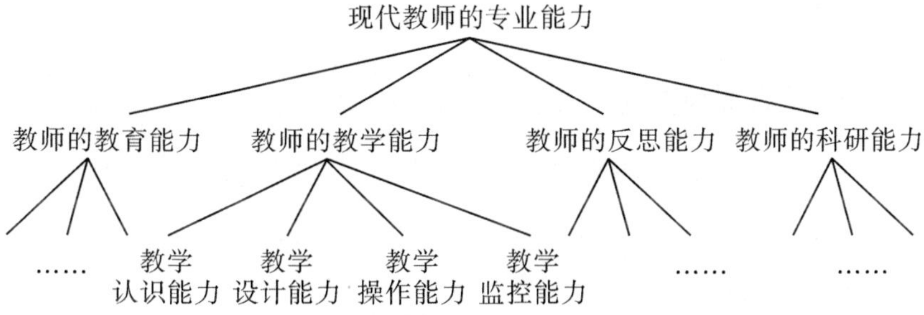


图 7-1　类属分析图

**2. 情境分析**

情境分析是将资料放置于研究现象所处的自然情境中，按照故事发生的时序对有关事件和人物进行描述性分析。对资料进行情境分析时，一般先理解资料的整体情形，再将资料打碎、分解，最后将分解的部分整合成一个完整的、坐落在真实情境中的故事。重组资料可以按照前因后果进行排列，也可以按照时间流动的顺序进行排列，还可以借助倒叙法进行时空回溯。

情境分析的第一步是系统、认真地通读资料，发现资料核心故事的发展线索以及组成故事的主要部分，将关键词作为码号；第二步是按照已经设立的编码系统为资料设码，设码时要仔细琢磨，把有关的片段用符号标示出来，寻找资料中的叙事结构，如引子、时间、地点、事件、冲突、高潮、问题解决、结尾等；第三步是对叙事结构中的各类关系进行探讨，并对资料进行归类，把相同的资料放在一起，以一个完整的叙事结构呈现出来。

一个好的叙事是研究者把从被研究者那里收集到的既丰富又复杂的原始资料整合成一个具有内在联系的故事，构造成一个不仅生动有趣而且有实际资料支撑的故事。

## 三、理论建构[①]

质的研究中，理论包括前人的理论、从资料中归纳分析而来的理论、研究者自身的经验与前设。质的研究在理论建构时，从原始材料出发，通过归纳法从下而上逐步产生理论。

### （一）明确原始资料的故事线

资料也是有生命的，只有研究者把自己沉浸在原始资料中，反复、仔细、耐心地阅读和思索原始资料，原始资料中的故事线才会慢慢凸显，围绕着这条故事线可以追溯故事发生的时间、地点、人物、事件、过程和原因等。寻找故事线的方法可以通过头脑风暴法进行，头脑风暴时尽量让自己放松，调动自己的想象力，让思想自由地从自己的脑子里流出，随时记录自己的各种念头和想法；也可以把有关场景以及资料中涌现出来的主题列成图表，明确原始资料

① 陈向明. 教师如何作质的研究[M]. 北京：教育科学出版社，2001：202-212.

的故事线。

## （二）在资料与资料之间、资料与理论之间不断比较

理论的构建是通过在资料与资料之间、资料与理论之间不断比较而达成的。比较通常有四个步骤。

### 1. 根据概念的类别对资料进行比较

首先对资料进行细致的编码，将资料归到尽可能多的概念类属下，然后将刚刚编码过的资料与以前编码过的资料在相同和不同的概念类属中进行对比，为每一个概念类属找到属性。

### 2. 整合概念类属并进行比较

将有关概念类属与它们的属性进行整合，同时对这些概念类属进行比较，考虑它们之间有什么关系，如何将它们之间的关系联系起来。

### 3. 勾勒初步呈现的理论

理论呈现后，需要首先考虑理论的内涵与外延，即理论所包括的核心内容及其适宜的范围。当初步的理论框架逐步在比较中凸显出来时，将这些理论返回到原始资料中进行验证，不断完善有关理论，使之变得更为充实和精致。

### 4. 对理论进行陈述

将所掌握的资料、概念类属、类属的特性以及概念类属之间的

关系一层层地描述出来，回答研究的问题。

## 第五节　撰写质的研究报告

### 一、质的研究报告主要结构

质的研究报告与量的研究报告在结构上是类似的，主要结构包括问题的提出、研究的目的与意义、研究的背景与文献综述、研究方法的选择与运用、研究结果的表达以及研究结果的检验等。与量的研究报告相比，质的研究报告更加灵活。具体表现在以下三个方面：其一，开始撰写报告的时间灵活，质的研究报告不一定要等到资料搜集饱和后才开始动笔，可以边写边收集资料；其二，结构灵活，在质的研究报告中，问题的提出以及研究结果的检验等部分不一定要在研究报告中全部出现；其三，研究报告的结构呈现的顺序灵活，在质的研究报告中，为了引起读者的兴趣，甚至可以把研究结果都放在报告的前面。

### 二、质的研究报告撰写风格[①]

撰写研究报告的时候要根据研究的目的、资料的特点和作者自身的写作风格等方面的特点考虑研究报告的撰写风格。质的研究报告在撰写风格上可分为五种。

① 陈向明. 教师如何作质的研究[M]. 北京：教育科学出版社，2001：223-232.

### 1. 现实主义故事

现实主义的写作风格是写实的，研究者可以对一些典型事例、文化模式或者社区成员行为进行详细的描述，力求尽可能真实地再现当事人的所作所为以及研究者自己所认为的当事人的所思所想。该种风格的报告中，研究者希望保持冷静而客观的态度，直接引用当事人所说的话以及对事情的解释；希望读者相信这些事实是来自当事人本人，是真实可靠的。在现实主义的故事里，研究者往往只是在前言里对自己的身份略作交待，然后便隐退到幕后。现实主义故事的典型表达方式是“某某做了什么”而不是“我看见某某做了什么”。

### 2. 忏悔故事

忏悔故事是指研究者非常真诚、坦率地“如实交代”自己在研究中使用的方法以及所作的思考，再现研究的具体情境以及自己与被研究者的互动内容。研究者往往使用第一人称对故事进行描述。读者在阅读的过程中会看到研究者是如何一步一步与被研究者接触，研究者在研究的过程中有什么困惑以及是如何处理这些困惑的。在现实主义里“某某做了什么”的表达在忏悔故事里变成“我看见某某做了什么”。

### 3. 印象故事

印象故事通常将事件发生的情境以及当事人的反应和表情详细地记录下来，表现的是研究者在某一时刻的主观感受，这不具有现实主义意义上的“真实性”和“客观性”。印象故事的主要特点是将研究者个人的实地工作经验通过第一人称叙述角度讲述，故事中有密集的焦点，文体生动活泼，用词具体、形象，大量使用比喻和想象的手法。这种故事将所研究的文化和研究者本人了解这种文化的方式同时展示出来，让读者自己去检验。

#### 4. 规范故事

规范故事写作风格的报告中，研究者希望自己的写作能建立、检验、概括和展示某些规范理论。在这种叙事报告中，研究者的“主观性”比较强，观念比较明确，具有明显的理论导向。由于研究者的目的是建立理论，因此行文的风格也比较正规、严肃，逻辑性强。虽然规范故事也强调从资料中产生理论，但其主要目的是验证自己的理论。在进行原始资料的整理和归类时，研究者主要关心的是自己建立理论的需要，而不是资料本身的特性。

#### 5. 联合讲述故事

联合讲述故事是由研究者和被研究者一起讲述的故事，双方共同创作作品，研究者与被研究者一起协商讨论，共同构建故事的主题和结构。联合讲述故事尊重当事人和研究者双方的观点，这种故事被认为是对实地工作真实情况坦率的认可。任何研究成果都是研究双方共同努力的结果。

## 三、质的研究报告撰写要求

### （一）考虑读者的阅读需求

在写作的时候，研究者要考虑读者的阅读要求，考虑其知识经验和阅读兴趣。如果读者是学者，研究者在写作时就要采取比较学术的撰写风格，在报道研究结果的同时要详细地报告前人的相关研究成果、自己的研究设计以及自己对研究过程的反思。如果读者是资助研究的政府机关、企业或者其他组织，他们最关心的往往是研究结果和问题解决方案，研究者就应该明确地向他们报告研究结果，并简洁地列出问题所在，提出问题的解决方案。如果读者是一般的公众，研究者在撰写研究报告时就要注意多用通俗易懂的语言，少用专业术语，丰富研究内容，增强研究报告的可读性，雅俗共赏。

### （二）持之以恒的写作动力

写作是很难完美的，每一个研究者都希望自己尽可能完美，这就需要持之以恒的写作动力。

写作是伴有痛苦的。写作的痛苦不在于长期伏案引起的腰酸背疼，也不在于夜以继日地敲击键盘而导致的双眼疲惫，而在于想开始写作却无从下手，在于想继续写作却杂事缠身，在于写到深入处字斟句酌的犹豫不决，在于完成写作却发觉离写作目标甚远的迷惘失落。排解写作痛苦的唯一办法就是“写”。

质的研究是一个实践性很强的领域，强调研究者亲自实践，“在做中学”。

在写作开始阶段，研究者也许会觉得自己搜集的资料不足或太杂乱，无从写起；也许一方面很想写作，另一方面又没有充足的时间或良好的心境，觉得压力重重……唯一的解决办法就是“开始写”。研究者可以从一个小的想法写起，也可以从一个小的事件写起，或者从对自己研究方法的反思写起，甚至可以从罗列整篇文章的结构开始写起。

在写作的持续阶段，过度的脑力劳动有时会令研究者身心俱疲，甚至陷入一种“江郎才尽”的困境。这时候，唯一的解决办法还是“继续写”。只要研究者不停止思索、不搁浅写作，研究结果的表述就会找到新的转机。

在写作的修改阶段，研究者审视已经完成的初稿时，往往有两种不同的情况：一种是比较满意，另一种是不满意。此时，研究者还需要“用心改”，在修改之前可以适当地让初稿在时间、空间上与自己保持一定的距离，隔一些日子后再动手改，会得到新的启发和收获。

写作动力可能是研究者工作需要，也可能是申报职称的需要，但最持久的写作动力往往来源于研究者自身欲将故事诉之于笔的热情与冲动，以及内心深处的社会责任感。质的研究方法是一种充满人性关怀的研究。在资料搜集的过程中，研究者可以观察参与者的踪迹、倾听参与者的心声、捕捉参与者的思维、体验参与者的情感，甚至可以触摸参与者的灵魂，所有这些都会激起研究者写作的热情与冲动。同时，质的研究引发了人类对自身、对自然的理解与共情，这就激起了教育研究者内心深处的社会责任感，以及对生命意义的寻觅和对人文关怀的追寻。

### （三）不断反思的写作理性

在质的研究中，研究者在对被研究者进行探索和理解的同时，自己也积极参与其中，写作的过程其实也是笔者理解受访者意义建构的过程，这就要求研究者在写作的过程中不断地进行反思。

**1. 反思自己的角色影响**

质的研究承认研究者个人价值倾向对研究的影响，研究者作为一种研究工具参与到研究过程中。研究者本身是一个处于一定历史时期、一定地区、富有人性、对人类生活进行观察的人，研究者在表述研究结果的同时，还要反思自己的身份、角色以及与被研究者的关系等因素对研究过程及结果的影响，要思考“我的研究问题是什么，我怎样利用自己收集的资料来回答我的研究问题”。

**2. 反思自己的研究方式**

质的研究强调研究者的实际参与，研究者在与研究对象的互动中获取信息。研究者在达成研究结果的过程中，要不断地对自己的哲学基础、思维方式、研究程序和研究方法等问题进行反思，考虑这些因素对研究过程及结果的影响，及时做好记录和总结，有针对性地对研究结果呈现的内容做必要的补充和调整。

**3. 反思自己的人格修养**

即使面对同一种社会现象，不同的研究者由于需要、兴趣、经验和当时心态等方面的不同，在解释上也会有差异。在质的研究中，研究者往往怀着一颗向世人展示生活中让人感触很深的事的心，去挖掘真实生活，并且对于研究对象有着自己的关怀。研究本身就是一个充满人性情感的活动，这要求研究者有更高尚的人格修养和更完美的人格魅力。研究者要不断地反思自己是否有耐心，是否有开放与包容的情怀，尊重文化的多样性和价值的多元性，关注平凡人的内心世界，关心弱势群体。研究者要容忍更多的模糊性和不确定性，允许研究结果存在分歧，有的情况下，研究结果没有对错之分，研究者可以修正整体的理论框架，将不同的研究结果整合到更高的概括水平。

## 四、质的研究结果检验[①]

得出研究结果后，研究者要对研究结果的质量进行检验，质的研究结果的检验主要包括三个方面：一是研究结果的效度问题，二是研究结果的推论问题，三是研究的伦理道德问题。

### （一）研究结果效度检验

在量的研究中，效度指的是一项测试在何种程度上测试出了它意图测试的东西，主要包括两个方面：一是测查了什么特性，二是测查到何种程度，它显示了测查结果在何种程度上真实地反映测量对象的特性。但在质的研究中，质的研究者真正感兴趣的不是“客观现实”的“真实性”本身，而是被研究者眼中所看到的“真实”，是被研究者看事物的角度和方式，以及研究者与被研究者之间的互动关系对理解被研究者眼中真实所发挥的作用。在质的研究中，效度指的是一种“关系”，即研究结果与研究其他部分（包括研究者、研究问题、目的、对象、方法和情境）之间的“一致性”。例如，判断某一项研究结果是否是“真实可靠的”，是指这

① 陈向明. 教师如何作质的研究[M]. 北京：教育科学出版社，2001：241-269.

个结果的表述是否真实地反映了“在特定条件下，某一研究人员为了达到某一特定目的，使用了某一研究问题以及与其相适应的方法，对某一事物进行研究”这一活动。因此，质的研究中的效度所表达的关系是相对的，而不是一种绝对的“真实有效性”。某一种表述是有效的，并不是说这种表述是唯一的正确表述，而是说这种表述比其他表述更为合理。

在质的研究中，效度的检验主要包括以下四个方面。

### 1. 描述性效度

描述性效度指对可观察到的现象或事物进行描述的准确程度。衡量这一效度有两个条件：一是所描述的事物和现象必须是具体的，二是这些事物或者现象必须是可见或者可闻的。

### 2. 解释型效度

解释型效度指研究者了解、理解和再现被研究者意义的“确切”程度。满足这一效度的主要条件是研究者必须站在被研究者的角度，从他们所说的话和所做的事中推衍出他们看待世界及建构意义的方法。

### 3. 理论

理论又称“诠释”，指研究所依据的理论以及从研究结果中建立起来的理论是否真实地反映了所研究的现象。理论一般由两个部分组成，一是概念，二是概念与概念之间的关系。

#### 4. 评价

评价指研究者对研究结果所作的价值判断是否确切。由于生活经验和价值观念的影响，在研究的过程中，研究者往往会注意到自己认为重要和有意义的东西，而忽略那些自己认为不重要的东西，并且在研究中有意无意地挑选那些支持自己观察的材料。

### （二）研究结果的推论问题

质的研究认为，推论可以分为内部推论和外部推论。内部推论指研究的结果代表了该样本的情况，可以在该样本内推论；外部推论与量的研究中的推论类似，指运用概率抽样的方法抽取一定的样本进行调查，用所获得的研究结果推测从中抽样的总体。由于质的研究不采用概率抽样的方法，其研究结果不可能由样本推出总体。但质的研究的外部推论可以通过两种途径来达成：一是通过读者对研究结果的认同，二是通过建构有关理论。

### （三）研究的伦理道德问题

质的研究强调研究过程是研究者与被研究者共同进行意义建构的过程，承认并强调研究者与被研究者之间的关系对研究结果的影响，追求对被研究者的共情与关怀，信守研究的道德规范。认为研究中遵守道德规范不仅可以使研究者“良心安稳”，而且可以保证研究本身的质量。在质的研究中，主要的道德规范包括以下三个方面。

#### 1. 保护被研究者的隐私权，遵守自愿与保密的原则

一般来说，在研究之前，研究者要以公开的身份与被研究者接

触，征得被研究者的同意，被研究者有选择参与或不参与活动的权利。研究者要对对方许诺保密并遵守诺言。如果出于某种迫不得已的原因，研究者进入现象时采取了隐蔽式进入，研究者也要有保护被研究者隐私的意识和措施。

**2. 保护被研究者的正常生活权，遵守合理的原则**

研究者在研究的过程中应该公正、合理地对待被研究者和所收集的资料，合理地处理自己和被研究者的关系以及研究的结果，尽量不干预被研究者的正常生活，只了解被研究者的生活现状，没有权力也不应该对被研究者的正常生活进行干预。

**3. 表达对被研究者的感激，遵守公平回报的原则**

尽管质的研究者非常强调自己要以“学习者”的身份向被研究者学习，了解他们的生活方式和意义建构方式，但长期以来，人们对于研究者或多或少带着崇拜情感，研究者与被研究者的关系很难做到真正意义上的平等；而且被研究者往往需要大量的时间与研究者进行交谈或参与其他活动，耗费了大量的时间和精力，有时候甚至会涉及个人隐私或者揭开不好的回忆；因此，研究者要通过真诚的语言及行动对被研究者表达真挚的感谢。

沟通往往是双方的，质的研究追求一种人类的共情与关怀。一个真正成功的质的研究，不仅是指研究结果使研究者找到自己所追寻的答案，还有研究过程本身为被研究者提供了“倾听者”，同时也为研究者寻找到了“共鸣者”，这种情感上的沟通与理念深处的共鸣，是质的研究者孜孜不倦的追求。

## 思考题

1. 什么是质的研究？质的研究有什么特点？
2. 质的研究中，研究者进入现场时主要有哪些工作内容？
3. 在质的研究中，如何做到积极倾听？
4. 质的研究中如何整理与分析搜集到的资料？
5. 质的研究报告有哪些撰写风格？
6. 你认为质的研究中应该遵守的道德规范主要有哪些？

# 第八章　行动研究法

## 第一节　行动研究概述

### 一、行动研究的起源

行动指实践者、实际工作者的实践活动和实际工作。研究指受过专业训练的专业工作者、学者专家对社会与自然的探索。首次把这两个词结合起来是在20世纪30—40年代。1933年—1945年，约翰·柯立尔在如何改善印第安人与非印第安人之间的关系问题研究中，鼓励实践者参与研究，并把实践者为解决自身问题而参与进行的研究称为"行动研究"。20世纪40年代，美国社会心理学家库尔特·卢因与他的学生在进行对不同人种之间的人际关系的研究时，与犹太人和黑人合作，让实践者以研究者的姿态参与研究，积极地对自己所处的境遇进行反思，努力改变自己的现状。1946年，卢因将这种实践者参与的研究称为"行动研究"。

行动研究诞生于社会活动领域，对社会活动研究具有独特价值。教育活动是一种重要的社会活动，行动研究自然也在教育领域受到了极大的关注。20世纪50年代，行动研究进入了教育研究领域，其运用范围日益扩大。行动研究为了让研究更有成效，鼓励教师、家长与行政人员等都参与教育研究。20世纪90年代，我国教育界开始出现关于行动研究的理论与实践的探讨，人们对行动研究法的兴趣日益增长。

## 二、行动研究法的定义

行动研究法的定义一直未统一。斯蒂芬·凯米斯指出："行动研究法是由社会情境（包括教育情境）的参与者进行的一种自我反思的研究方式。行动研究法是实际工作者为研究自己的实践所进行的一种研究方式。"[①]有学者提出"行动研究法是指情境的参与者（如教师）基于解决实际问题的需要，与专家学者或组织中的成员合作，将问题发展成研究主题，进行有系统的研究，以解决实际问题的一种研究方法"，或者是"对教育实践中产生的问题，由教师或与专家研究人员合作，有计划有步骤地边研究边行动，以解决实际问题为目的的一种科学研究方法"。[②]具体来看，可以从如下四方面来理解教育行动研究法：一是为了行动而研究，二是在行动中研究，三是基于行动研究，四是由行动者研究。

第一，为行动而研究是指为了改进行动而研究，研究目的是解决实践者自己的实际问题。行动研究把解决具体问题放在第一位，一个教师在自己大量的教育、教学行动中发现了某个值得追踪的关键问题，不只停留在以日常经验和惯用策略来解决，而是想方设法地"设计"解决策略，然后采取"行动"，并持续地"反思"效

① 凯米斯，张先怡. 行动研究法（上）[J]. 教育科学研究，1994（4）：5.
② 宋虎平. 行动研究[M]. 北京：教育科学出版社，2003：6.

果。进行这一系列行动研究的根本目的在于解决自己在实践中遇到的这个关键问题，改进自己的教育教学行动的效果。

第二，在行动中研究是指研究者与行动者相结合，研究过程是边行动边研究。教师的研究不是抛开其教育、教学工作另起炉灶，而是与专业研究人员合作，在具体教育。教学情境中发现问题、分析问题，思考并实施对策，不断反思行动的效果。这种研究是行动和研究的统一，理论和实践的统一，教育活动和探索活动的统一。

第三，基于行动研究是指教师从自己的教育实践出发研究，研究对象不是与之不相关的其他问题，而是教师自身的实践工作。“课题”产生的途径往往是自下而上的，而不是自上而下的；它是教师自己相关的问题而非他人的问题；它是教室里发生的真实的问题而非假设的问题。[①]

第四，由行动者研究是指研究的主体是教育、教学的行动者——教师。专家、学者参与研究的作用是提供意见与咨询，专家和学者是协作者，而不是研究的主体。行动研究强调“教师成为行动研究者”，教师既是教育、教学实践的主体，又是教育、教学研究的主体。教育、教学研究不能只是少数专职研究人员的专利，还应是所有教师的权力和责任。这也就要求教师既是教育行动的实施者，同时也是教育研究的实施者。将生活与研究融为一体，成为教师新的生活方式。

① 刘良华．校本教学研究[M]．四川：四川教育出版社，2003：66.

## 三、行动研究的特点

### （一）改进

行动研究的主要功能是解决教育实践中产生的问题，提高教师的教育、教学质量和研究水平，具有改进的特点。行动研究的目的在于科学方法的应用，解决课堂内的问题。它关注的是特定情境中的特定的问题，不重视研究结果是否可以类推到其他不同情境，也不强调研究变量的控制及操作的问题；其解决问题以及应用的即时性，为解决教育实际问题提供了一种有效而科学的方法。[①]行动研究关注的不是学科中的“纯理论”问题，而是教育实践工作者在日常工作中遇到的和亟待解决的实际问题，但这并不等于行动研究就不关心“一般知识”和“理论”的研究。它只是更强调从具体和特殊到一般和普遍，更强调将已有的理论和知识体现在从抽象到具体的过程，更强调渗透在行动研究计划中的经验和理论都需受实践的检验、修正、补充甚至证伪，更强调知识和理论来源于实践并在实践中体现其有效性和真理性。[②]

### （二）参与

参与是指行动研究强调教师参与研究。劳伦斯·斯滕豪斯呼吁的“教师成为研究者”。教师不再只是研究成果的操作者和行政命令的执行者，而是以研究者的身份亲自参与研究的过程，提出研究

---

① 郑金洲. 行动研究指导[M]. 北京：教育科学出版社，2004：15-16.

② 宋虎平. 行动研究[M]. 北京：教育科学出版社，2003：12.

的问题并不断地在解决问题中，观察研究的进程，收集并分析相关的数据，在反思中改进自己的教育行动。中小学教师有具体的行动目的，承担教育、教学的责任，能够亲身体察教育活动的背景与教育现象的变化，提出亟待解决的实际问题。中小学教师可以结合自身的工作实际，设计可行的研究方案，使研究过程不脱离教育实际的工作过程。中小学教师能够及时在其教育、教学实践中检验理论、方案和成效的有效性和现实性。综上，中小学教师成为研究者是可行的。中小学教师具备了专业研究人员所不具备的优势，正是基于此，行动研究要求中小学教师积极反思，参与研究，将行动与研究融为一体，构建教师的“新生活方式”。

### （三）合作

行动研究要求中小学教师、校外专业研究者、地方教育管理者、学校内部管理者、学生等各方面的人员形成研究的共同体，合作可以分为以下两种。

#### 1. 中小学教师与校外研究者之间的合作

这里的校外研究者包括专业研究者和地方教育管理者，如专家、大学教师、教研员等。长期以来，由于社会分工的影响，教育理论研究工作由一群特定的专业研究人员来从事，而教育实践工作则由一线学校领导和教师来承担，这种分工逐渐地把教育研究与教育实践分离，带来理论与实践脱离的危险，理论研究者不能真正地为解决实践工作服务，教育实践者也不能很好地理解和应用理论。这一现象已经成为教育理论研究中的一大痼疾。而行动研究法通过实际工作者系统的反思，研究者深入现场，让行动者和研究者共同参与问题的解决，要求实际工作者参与研究，要求专业研究者参与实际工作，使实际工作过程变成一个研究的过程，也使研究过程变成一个理性的工作过程。在这种合作中，一方面中小学教师可以从研究专家那里获得必要的研究技能，改变对教育教学的职业感情；另一方面研究专家可以从真实的教育情景中获得第一手教学改革信息，通过合作使自己的理论研究成果更容易为中小学教师所接受，较快地应用于教育改革实践。[①]

**2. 教师群体校内合作**

这里指教师与教师之间，教师与学校管理者之间，甚至是教师与学生之间的协作与支持。教师的工作具有个人化的特点，但教师工作成果却具有集体化的特点，很多教学、指导或管理工作要得到改进，需要整个学校群体观念和行动的改变。所以，为了使研究更具成效，得到学校管理者的支持，形成合作的教师群体就显得非常重要。行动研究鼓励学校内部所有成员（管理者、教师、学生）都参与到互利互惠的研究过程中，建立一个民主的学习共同体，使教育实践与研究成为“一项与你的学生和同事合作的工作”。[②]这也构建了整个工作环境和学校系统的良好文化氛围。

---

① 郑金洲. 行动研究指导[M]. 北京：教育科学出版社，2004：16-17.

② ARHAR J M, HOLLY M L, KASTEN W C. 教师行动研究：教师发现之旅[M]. 北京：中国轻工业出版社，2002：35.

### （四）系统

行动研究自诞生以来，其倡导者一直都在探索这一方法的科学性。行动研究不是简单的实践工作者“经验总结”，而必须使用必要的“科学方法”来进行，要按照社会和教育研究的规范系统地进行研究。第一，行动研究并不否定其他研究方法，而是与其他的研究方法结合，如在研究过程中，仍然需要科学地使用观察法、访谈法等来收集资料，有些还需要对收集的数据进行统计分析。第二，行动研究要求研究者具有一定的理论基础和科学精神，必须具备一定的理论储备和研究技能。当有些中小学教师缺乏一定的研究素养时，需要专业研究人员的参与，提供基本的理论假设和研究技术，或者教师通过自学与培训等方式为胜任行动研究做准备。第三，行动研究方法有自己一套完整的研究程序，具体的研究过程请见本章第二节。

### （五）公开

公开的行动研究意味着，一方面发表自己的研究，使研究成为一个开放式的行为，公开接受他人的评判，也使自己的研究结果为其他人所利用；另一方面强调行动研究的合作特点，鼓励中小学教师与他人合作。

#### 1. 从“公开”的内容上看

首先，中小学教师成果的表达主要是书面写作，教师可以用文字将自己的教学观察、经验或反思等记录下来，在写作中提炼观点，提高反思的能力。其次，中小学教师的公开讲话，或者教材、教具的制作，甚至是教师文学、绘画、音乐等方面的创作，都可以看成教师在用自己的方式表达自己。总之，只要是开放地接受外在评判，都能达到行动研究原本的公开意义。

**2. 从“发表”的形式上看**

不仅包括一般意义上的在公开刊物上刊载作品（如发表论文），还应包括教师在学校内部刊物上登载的文章、在校内会议上发表的意见、在其他教育研究会议上陈述的观点，或是在电视、广播、网络等媒体上表达对教育的理解等。这些都有公开发表的意义。

## 四、行动研究的作用

### （一）行动研究是联系理论与实践的中介

行动研究是教育科学研究体系中必不可少的一个层次。长期以来，从自然科学研究领域受到启发，人们认为教育研究也应像自然科学研究一样，由基础理论研究、应用研究和开发研究三个层次组成。事实上，在自然科学研究中，以上三类研究都是研究成果应用于生产过程之前的三个阶段，那么，按照这三个阶段进行的教育研究也只是局限于教研成果应用于教育实践之前。但是，教育活动的多变性与复杂性又决定了教育科研不能只满足于产生某种理论产品，它还面临着怎样把理论应用于具体教育实践的问题。教育理论不会直接指导具体的教育实践，必须由教育主体结合自己的直接经验和实践的具体情况来指导具体的教育活动。因此，有学者提出，教育科学研究的层次可以分为[①]“基础理论研究—应用理论研究—开发研究—行动研究—实践”五个层次。

研究层次可分为理论研究和实践研究两个范畴，前三个层次为理论研究，后两个层次为实践研究。行动研究是其中必不可少的一个层次，是联系理论与实践的重要中介。在行动研究中，教师通过对理论的学习，从实践和经验中汲取合理的成分，重新组织加工，形成具体的教育、教学方案，灵活运用，并不断地反思、更新，这就很好地实现了从理论到实践的转化。

### （二）行动研究是促进教师专业发展的重要途径

首先，教师职业身处复杂的、不可预测的教育情境，教师知识具有情境性、模糊性和不确定性，这要求教师应具有实践性知识、实践智慧、批判性思维、创造性行动等。由于教育情境和对象的复杂性，教师必须主动思考，对自己所处的环境、教育目标以及可能的后果进行审慎的判断，在实践中作出决策。教师不仅应成为知识的传递者，更应成为知识的生产者。另外，我国的教育改革正在推进，而改革的执行会落在每一个具体的学校和教室里。基层的教师处在改革的最前沿，也面对着前所未有的窘境，如如何落实教改，如何在挑战中成长，等等。而投入研究是教师应对改革的动力。美国“全美教师专业标准委员会”倡导的《教师专业化标准大纲》，明确地界定了教师专业化标准，其中就包括这一项专业化标准：系

① 宋秋前. 论行动研究在教育理论与实践体系中的中介性：兼谈开展行动研究的几点体会[J]. 教育学术月刊，1996（2）：65-67.

统地反思自身的实践并从自身的经验中学到知识——验证自身的判断，不断作出困难的选择，征求他人的建议以改进自身的实践；参与教育研究，丰富学识。①而行动研究正是这种重视发展教师个人的自我意识和自我教育的研究，它提高了教师个人的职业能力，使研究成为教师的职业生活方式，是适合教师专业发展的研究方法。行动研究用于自下而上地疏通实践与理论的联系，通过问题驱动教师自主进行研究，唤起行动者学习理论的兴趣，从而在改善教育、教学工作的同时，促进自身的专业发展。这也是教师即研究者的真实价值与意义之所在。②总之，中小学教师的优势来自自己做研究。教师在自己的教学活动中进行行动研究，改进教育实践，改变自己的生活方式。在这种生活方式中，教师能够体会自己存在的价值与意义，逐步实现教师专业的自主发展。

### （三）行动研究有利于改进学校管理，促进学校持续发展

学校管理的开展，包括人、财、物等因素的配置，是一个复杂的、系统的工作。近年来，“科研兴校”已经成为中小学发展的管理战略，科研活动也在各中小学开展。其中，研究方法应用是否得当是科研能否真正“兴校”的关键，而正确应用行动研究可以在解决学校实际工作中发挥作用。

---

① 钟启泉. 教师“专业化”：理念、制度、课题[J]. 教育研究，2001（12）：12-16.

② 曹培英. 让学生亲身感悟让教学随机生成：对一个支撑课改理念的案例的分析[J]. 小学数学教师，2003（11）：7.

### （四）行动研究有利于提高教育、教学水平，促进学生全面发展

课堂教学是学校教育活动中最关键的环节，行动研究法以改进实际工作为目标，以教育实践问题为研究对象，边研究边行动，鼓励教师成为研究者，这些特点使研究与教学结合，是适合中小学教师实施的方法。行动研究可以提高教师课堂发现问题的意识。针对课堂中存在的问题，教师结合行动进行研究，得出促进学生发展的具体措施，提高教育、教学水平。

## 第二节 行动研究的步骤

行动研究的性质和特点促使其成为教师进行教育研究的理想方法。教师开展行动研究十分必要，可以促进教育理论和教育实践的有机联系和完善结合，学校的教育、教学工作也将趋向合理、科学和有效。那么，教师如何把日常的教育、教学活动转向研究性的实践活动，即教师如何使用行动研究法？这涉及行动研究的研究步骤。关于行动研究的步骤，理论界有不同的表述，其中比较有影响力的是斯蒂芬·凯米斯提出的“螺旋发展圈”，他认为行动研究的过程是“计划—行动—考察—反思—再计划……”，这一运作程序举例如下。①

① 张民选. 对“行动研究”的研究[J]. 华东师范大学学报：教育科学版，1992（1）：8.

**1. 第一个循环**

设想——学生认为科学只是回忆事实，而不是探索。教师思考“怎样才能使学生进行探索？是改革课程，还是改变提问策略？”建立新的提问策略。

计划——把提问的中心转移到鼓励学生为解决问题而寻找答案。

行动——尝试提一些让学生说出想法和兴趣的问题。

考察——录制几堂课，观察提问记录情况，并记下有关情况。

反思——为使学生按教师的设想走，教师认为需要对情景进行控制，但控制情景会破坏探索性提问。

**2. 第二个循环**

修正后的计划——继续贯彻基本设想和计划，但要减少控制性陈述。

行动——在几节课中减少控制性陈述。

考察——录制提问及控制性陈述，并记下对学生行动的影响。

反思——学生的探索精神得到了发展，教师思考随之而来的问题：“如何能使他们步入正轨，让他们相互倾听彼此的回答？”

……

接下来，具体介绍循环中的几个环节。其中，把“设想”作为提出问题环节，然后制订计划、采取行动、实施考察与反思改进。

## 一、提出问题

任何研究都是从提出问题开始的，问题可以通过多种途径产生。与专业的研究者不同，中小学教师进行行动研究主要是围绕实际工作中存在的问题展开，所以行动研究的问题自然应是来自实际工作。

发现问题的途径有很多，下面介绍教师在日常工作中操作较为便利和常见的四种方式。[①]

**1. 从教育教学的疑难中寻找问题**

在当前的教育教学改革中，教师面临许多前所未有的情况，在这些复杂的教育改革情境中，教师可以发现许多疑难问题。例如，如何在课堂上评价学生，如何发挥学生的学习主体性，如何既提升学生主动发言的积极性又维持良好的课堂秩序……从目前来看，这些疑难和困境至少有以下几种类型。第一，教师的设想、计划与实际效果之间有差距；第二，教育、教学情境中教师与学生、学生与学生的目标之间或价值取向之间有冲突与对立；第三，教育、教学中的“两难”情境；第四，不同的人或群体对待同一教育、教学行为的不同看法。

**2. 从具体的教育、教学情景中捕捉问题**

中小学教师一直参与教育、教学，而教育现场是教育问题的原发地，是问题产生的真实土壤，教师应该认识到自身研究的问题大多不是来源于理论材料的分析，而是教育实践场景。教育场景蕴含了大量甚至是无穷尽的有待研究的问题。例如，农村某中学高二级的班主任某天在办公室倾听了一个平时沉默寡言的女生的述说，了解到该女生初中原本个性大胆，成绩突出，是教师的小助手，但因为一次问英语教师问题，被英语教师一句不经意的“这么简单的题目也拿来问，自己不会去想一想”打击了兴趣，从此变得自卑、

① 郑金洲. 教师如何做研究[M]. 上海：华东师范大学出版社，2005：46-56.

寡言。由此，该班主任提出问题：“作为一个教育者，我们应该怎样避免类似的事件再次发生，怎样爱护一颗脆弱而又宝贵的心灵？”

教师在教育现场发现研究问题，首先要有较强的问题意识。在日常的工作中可以通过教学日志等形式，积累相关经验，形成对教育教学的独到见解和认识；同时培养对问题的敏感性，注意具体场景的细节和现象。

**3. 从阅读交流中发现问题**

中小学教师从事行动研究，不侧重理论方面的探究，但并不是说可以放弃对理论资料的搜集。实际上，对于中小学教师来说，学习一定的理论知识是很有必要的。教师在阅读理论时，要时时注意结合自己的实际工作进行有针对性的思考，把理论的论述转化为对自己工作中相关问题的解读与说明，将自身已有的经验与阅读材料中的分析相联系。问题的内容也就是在这样的转化、联系、解读中逐渐呈现并变得清晰起来。例如，一位高二语文教师偶然看到了一份中美数学课堂教学研究报告，这份报告分析了两国教学取向上的显著差异，该教师从两国差异中发现自身日常教学需要改进，由此引出关于语文诗歌课教学的疑问——“关注学生的个别差异，满足不同学生学习需要”的理念如何实现？

中小学教师还可以在和其他教师日常合作、听课、评课、听专家报告等交流和学习中发现问题。

#### 4. 从学校或学科发展中确定问题

教师个人发展与学校发展是密切相关的，个人专业提升与学校的整体变革常常是结为一体的。教师在把个人的成长发展乃至个人的命运与学校或学科的发展规划以及面临的问题结合在一起时，会发现许多问题有待解决，就不会等答案。教师应该成为发现和解决这些问题的主体。

当教师通过以上途径或是其他途径发现问题后，还需经过分析思考来确定这些问题是否可以成为将要研究的问题。

“问题即课题”用简洁明了的语言表达了研究的课题必定是从实际问题中产生的一种观点，意在提醒人们关注问题的解决。[①]从众多的问题中确定一个问题为研究课题，要考虑该问题是否值得研究和是否可以研究。

第一，需要把发现的问题记录下来，梳理问题的概况。例如可以表述为：

①现在的状况是……

②我想要尝试改进……

③问题的根源在于……我能做……

④有个设想，我想在课堂上试试……

⑤……的经验（书上的或其他同事说的）要如何应用到……

第二，针对这些记录下来的问题，进一步考虑该问题是否可以执行。例如可以根据下列标准来思考：

---

① 曲天立．研究是一种境界：中小学教育科研的行动智慧[M]．重庆：西南师范大学出版社，2014：7.

①这个问题对我和我的学生重要吗?

②现有的能力和知识能否支持我实施这一研究?还有哪些资源可以利用?

③是否允许我投入预计的精力和时间?(在此阶段教师需要作一个预估，时间太短不足以衡量研究成果，时间太长会影响正常的教学。)

④如果实施，会存在哪些制约因素?

⑤如果要执行，和我的其他教育教学活动相关吗?

值得提出的是，在根据以上途径发现和确定问题的过程中，可以考虑两个比喻。

第一个比喻，“锥子课题与锤子课题”。研究课题的题目越大、研究内容越多、研究就越有价值，这是“大课题”;这类课题的研究题目很大，内容很多，但都是浅尝辄止，没什么价值。反之，虽然只是在某一个点上做研究，但钻研得很深、很透，有新的思想和见解产生，那研究的价值就高。这两类课题被比作锥子课题和锤子课题。锥子课题的截面很小，但扎在地上就是一个深深的眼;锤子的截面比锥子大得多，可能用了很大的力，但砸在地上只是一个浅浅的坑。

第二个比喻，用“望远镜与显微镜”进行研究问题的定向选择。研究者在寻找和选择研究的问题时，喜欢用“望远镜”来进行搜索，有一种贪大、求新、求全的心理，这是“高、大、全”情节。一线教师在选择研究问题时，不应该仅用“望远镜”，也应该善用“显微镜”。即要通过对日常的教育活动，特别是在个人教育实践活动的细心观察和体会中，发现和确定要研究的问题，并且对研究的问题要“小题大做”。中小学研究的课题要“短、平、快”，尤其是中小学教师承担的课题要“小处着眼，大做文章”。①

## 二、制订计划

在确定了具体要研究的问题后，教师要为整个行动研究制订可行的计划。细致的计划可以为教师提供详尽的研究步骤，引导整个行动研究有序开展，也为行动研究过程和结果的评价提供参考框架。同时，教师在制订计划的过程中，也可以进一步分析和论证问题解决的可行性。一份较为完整的行动研究计划大体包括如下内容：课题名称、研究目的与意义、研究问题与假设、研究对象与变量、研究方法、研究进度、研究人员及其分工、研究成果形式等。②

### （一）课题名称

课题名称要准确反映研究的范围、对象、内容、方法等，还要显示研究变量之间的关系。同时，课题名称应该简洁明了，不必花俏，避免采用过长或含混不清的语句。课题名可以体现“主题确切、切口适宜、言之有物、特色鲜明”的原则。课题名一般包括主题词、限定词和技术路线三个部分，其基本格式为“限定词+主题词+技术路线”，比如“促进有效教学的行动研究”“中小学学习

① 曲天立．研究是一种境界：中小学教育科研的行动智慧[M]．重庆：西南师范大学出版社，2014：7.

② 郑金洲．教师如何做研究[M]．上海：华东师范大学出版社，2005：60-64.

型教研制度的研究与建设”。[①]

### （二）研究目的与意义

陈述开展该项研究的背景和原因，以及该课题的实践价值等。在行动研究中，教师展开的研究大都是指向自身实践，是以自身教育、教学观念和行为方式的改进为旨趣，因此该项陈述有时也可略去。当然，如果是一项统摄性较强的合作研究或理论研究，该项陈述又是必要的。

### （三）研究问题与假设

明确该项研究所要解决的核心问题，而这一问题必须进一步细化，形成更为具体的子问题，以便有针对性地寻找解答这些问题的具体行动方案。例如，教师发现某学生行为孤僻、对他人缺乏基本信任感。为了转变该学生的态度和行为，使其融入班集体的生活，教师要对该学生行为产生的原因做出推测与判断。如果学生的态度和行为是由家庭和学校因素共同造成的，教师必须提出具体行动的假设：促进家长与学生之间的交流，建议任课教师给该学生更多的关注，让该学生承担一些班级工作，促使其他同学多与他交往，通过心理疏导帮助该学生克服障碍，等等。

---

① 曲天立．研究是一种境界：中小学教育科研的行动智慧[M]．重庆：西南师范大学出版社，2014：7.

### （四）研究对象与变量

#### 1. 描述行动研究的对象

行动研究的对象有时是单个的学生或教师，有时是全班、全年级甚至全校学生或教师，需要从问题所指向的“当事人”来确定描述。描述行动研究对象，只需概要地陈述对象的范围、数量、背景即可。例如，对学生的描述可以包括学生的个人情况（性别、年龄、年级和个性等）、学习方式、课堂表现、学习程度、学生间的关系以及学生与教师、学校与家庭之间的关系等。有些教学行动研究将学生描述成“参与者”而非“研究对象”，其目的为强调学生在研究过程中的主动作用。

#### 2. 界定研究的变量

界定研究的变量是行动研究的重要一步，它涉及行动研究者对研究问题的基本认识和具体定位。例如，以“教师如何通过反思提升课堂教学效果”为例，说明行动研究过程中变量的界定。实际上，这一问题可以转化为两个变量之间的关系：教师反思与课堂教学效果。显然，这两个变量还是非常抽象，缺乏可操作性，因而需进一步具体化。教师反思可以是课前反思、课中反思、课后反思，也可以从内容的角度对教学目标反思、教学内容反思、教学方法反思等；而课堂教学效果可进一步选取学生的学业成绩或作业情况作为评判标准。不过，在确定变量的要求上，行动研究显然没有专业研究者的教育研究那样严格。

### （五）研究方法

陈述行动研究过程中需要使用收集资料和分析资料的方法，如观察法、问卷法、实验法、访谈法等。例如，班主任要了解学生之间的关系状态，可以通过日常的教学观察，编制和发放相应问卷或找部分学生、任课教师谈话等方式，收集相关的信息。教师在实施计划时，可能需要资源和技术上的支持，这种支持涉及人力和物力的补给。比如有的行动计划需要大量的英文书籍和刊物，有的行动计划用到语音实验室，有的需要使用多媒体，有的需要印制大量的补充讲义。教师应考虑学校所提供的条件来具体选择有利于研究实施的辅助工具。

### （六）研究进度

为了确保行动研究有条不紊地展开，教师有必要制订总体性的研究进度表。一般来说，规划研究的进度可以从时间与工作项目两个方面考虑。由于行动研究具有很强的实践性和较高的时效性，行动研究者最好从时间的角度，规划各个工作项目完成的期限。实施的时间是指行动的时间长度和日程安排。如果没有硬性规定，行动研究通常没有固定的时间限制，实施的时间完全取决于研究的性质、目的、内容和方法。以下建议可以帮助教师合理地安排和利用时间，并在最合理的时间跨度内取得预期的研究成果。[①]

第一，将研究的周期与学期建立一定的联系，使行动方案更易

---

① 韩幼萍，孙丽．教学行动研究：确定研究问题和行动计划[J]．中小学外语教学，2003：（6）：12-15.

于操作，更大型的研究可以按学年来设计时间表。

第二，尽可能多地选择平时课堂上必须要做的活动作为解决的方法，从而提高课堂的使用效率。比如，在解决“如何消除学生间的压力，促使学生积极参与课堂活动”这一问题时，教师采取的措施之一是在教学中设计小组活动，对小组进行整体评价；另一个措施是对每个学生建立不同的评价标准。相对而言，实施前者所花费的时间要比后者少一些，因为即使不进行此项行动研究，教师也会设计各种小组活动。

第三，开展合作研究项目，加强与同行的合作。

第四，考虑能否让学生参与数据收集和数据评价的过程。但要注意各种数据收集方法的特点、所需提供的信息和所需投入的时间，使数据收集、整理、描述和解释的工作不会给参与者和研究者造成太大的时间和精神压力。

第五，教学行动研究以促进教学为目的，在时间的安排上尽量不要干扰常规教学的进行。

第六，制订时间计划表。这个计划表包括研究所需的总时间，研究的起止时间，各项措施的实施时间、次数和频率，采集数据和效果评估的时间、次数和频率，等等。

### （七）研究人员及其分工

由教师独立完成的行动研究，在计划中只需表明教师个人的专业、学历、职业等情况；由多个教师合作或教师与研究者合作展开的行动研究，在计划中除了标明每个成员的基本情况，还需要对每个成员所需要承担的项目作出分工。

### （八）研究成果形式

与专业的教育研究一样，行动研究的成果可以从两个方面来说明：一是提供研究的预期成果及其表现形式，如研究论文、研究报告等；二是说明研究成果可以产生的实践效果。

此外，较为复杂的行动研究还需要有经费预算等。

在行动研究中，计划的制订要以充分的勘察为基础，计划要具有可行性与可操作性，要具有清晰的层次或梯度，要具有灵活性与开放性，要体现参与者的需要。在研究过程中，会有教育、教学情境的变化，师生关系的调整，教师个人时间精力的重新分配，学校管理者管理行为的转变，新生问题的出现等，而教师研究又总是指向这些实际问题的解决。所以，随着行动场景的变化，中小学教师的研究方案也应随之灵活变化，教师行动研究的计划，应该有较充分的灵活性、开放性。教师要能够包容始料不及、未曾认识、在行动中才发现的各种情况。从这一意义上讲，行动研究的所有设想、计划，都处于一个开放的动态系统中，都是暂时且允许修改的。例如，在小学初次引入计算器学习时，有教师提出：计算器的认识是否可以不系统地介绍各键的功能与操作方法（因为系统介绍既费时又乏味），直接让学生自己去尝试。根据这一设想制订的行动研究方案，显然会有一定的不可预见性。因为教师不讲，学生能否尝试成功，是完全成功还是部分成功，哪些地方学生会发生困难？在实践之前难以准确回答。[①]

一般来说，在合作的行动研究中，因涉及的人数较多，计划

① 曹培英．让学生亲身感悟让教学随机生成：对一个支撑课改理念的案例的分析[J]．小学数学教师，2003（11）：7.

也要求较为缜密，要较全面地涵盖以上八个内容。但在以单个教师为主的行动研究中，计划可能体现为课前的教学设计或是关于教师与学生关系的设想与打算等，行动研究的计划就不那么系统、全面了，灵活性更大。但作为行动研究的计划，仍然要体现行动与研究的统一，教师要在自己的日常教育教学行动中制订研究计划，做到行动计划和研究计划的高度统一。具体应注意以下四点要求。[①]

①任何行动必须是自己能够做到的。

②计划应与学校要求相协调。

③教学上的行动研究应不干扰学校的正常活动。

④所采取的研究必须在一段时间内能测量出结果。

详见本书电子资源中的行动研究计划简例。

## 三、采取行动

“行动”是研究的第三个环节，即实施计划或者按照目的和计划行动。行动研究是“为行动而研究，在行动中研究，基于行动的研究，由行动者研究”。可见，教师的“行动”是整个行动研究的核心意义所在。行动既是解决问题的实际操作过程，是研究计划付诸实施的过程，也是后续考察和反思阶段的实践基础。在采取行动时，要注意行动的计划性、情境性和开放性。[②]

---

① 陶文中. 行动研究法的实施[J]. 教育科学研究，1998（2）：5.

② 郑金洲. 行动研究指导[M]. 北京：教育科学出版社，2004：83-106.

### （一）行动的计划性

行动的计划性即实施计划，或者说按照目的和计划行动。在行动研究中，实施行动应该是教师在获得了关于背景和行动本身的信息，经过思考并有一定程度的理解后，有目的、负责任、按计划采取的步骤。在采取行动之前，教师需要获取有关行动及其背景、条件、效果信息，并对这些信息进行必要的分析和考量，从而在一定程度上理解行动的动因与意义，为采取行动提供思想上的准备。行动研究是根据已定的计划执行教育、教学的过程，具有鲜明的目的性和计划性。采取行动要按照“大计划、小步骤”的要求，即在总体计划的指导下，确保行动之间的连续性，避免较长的时间间隔与较大的步骤跳跃。教师既是研究者，也是实践者，在计划的实施过程中可能会面临来自其他方面的干扰和阻力，影响原定计划的实施，教师要处理好行动研究与其他工作的相互关系。

### （二）行动的情境性

与其他研究方法中的行动相比，行动研究中的行动是在正常教学秩序下进行的，具有更大的情景性和实践性。随着研究的进展，教师在不断的反思和积累中，可能会形成对问题的新的认识。在研究行动的实施过程中，难免会有相关因素的变化。教师应当尽量按原定计划展开行动，注意收集每一步行动的反馈信息，行动可行才可以进入下一步计划和行动。反之，行动方案甚至问题的界定都可能需要做出调整或修改。例如，某教师在教学过程中开展对“学生作业”的研究。为解决学生抄袭作业、应付作业的问题，教师在

分析、研究其原因的基础上，进行“减少作业量，缩短作业时间，提高作业质量”的研究，让问题得到初步解决。但研究过程中又出现了新的问题：统一的作业内容使尖子生、学困生得不到全面的关照。于是教师又开始了第二轮的研究：针对不同层次的学生学习的需求，进行了“分层次布置作业”。该研究取得了较为理想的效果。在此基础上，教师又开始了第三轮“作业自助餐”的研究，让学生变被动完成作业为自主完成作业，成为学习的主人。整个研究经过“减量、减时、提质—分层次布置作业—作业自助餐”三个阶段，使研究的内容与层次不断地得到提升，最终让问题得以解决。[①]教师根据实际情况适时调整行动计划，在实施计划的行动中，边执行、边观察、边反思、边修改，让行动处在不断调整、灵活、能动的过程中。所以，实施计划的行动要重视实际情况变化，重视实施者对行动及背景的逐步认识，重视其他研究者、参与者的监督观察和评价建议，不断调整行动。

### （三）行动的开放性

行动向教师的实践开放。在行动研究中，教师置身于日常的教育、教学实际中探讨问题，在日常的教育、教学实践中融入了研究的成分。所以，计划在教师日常的教育实践中展开，并且向教师日常的教育实践敞开。实施计划的过程是教师依据计划的基本要求，与自身日常的教育实践相互作用的过程。行动研究的“合作”特点要求执行研究计划的过程向其他的合作参与者开放。让其他的参与

① 衣晓方. 行动研究教学一例[J]. 中小学教学研究，2003（3）：1.

者了解行动情况，即让行动接受其他人的评价、监督。这样不仅有利于和参与者建立密切的关系，增进合作的情感，也有利于进一步推进计划的实施和改进。例如，在“转变差生”的行动研究中，教师发现某学生学习成绩落后与学习受过挫折、缺少家长引导等因素有关；在行动中采取“争取家长的配合，与其他任课教师一起给予特别辅导，引导全班互助共进”等措施，这些行动都与日常的教学紧密结合，使家长、教师、学生形成研究的共同体，较好地达到转变差生的目的。

## 四、实施考察

考察主要指对行动过程、结果、背景以及行动者特点的考察。考察在行动研究中的地位十分重要。在行动研究中，考察是反思、修正计划、确定下一步行动的前提条件。考察的内容有三个。一是行动的背景因素及其制约方式。二是行动过程，包括计划的实施情况、有无意外的变化、如何排除干扰等。三是行动的结果，包括预期与非预期的，积极和消极的。[①]背景资料是分析计划、设想是否有效的基础材料，过程资料是判断效果是否由方案带来以及怎样带来的观察依据，结果资料是分析方案带来了什么样效果的直接依据。这些材料对于效果分析是缺一不可的。

### （一）做好考察前的准备工作

实施考察之前，教师应该明确以下几个问题。

---

① 曹培英．让学生亲身感悟让教学随机生成：对一个支撑课改理念的案例的分析[J]．小学数学教师，2003（11）：7.

第一，为什么要进行考察？进一步明确研究的假设。

第二，考察的对象是什么？

第三，考察的具体内容是什么？是事情的次序、学生的行为变化或是个人行为的特定偏向？

第四，什么时候实施观察？观察时长是多少？对教师来说，预先决定在课程什么时候应该专心注意观察是很重要的。

第五，采用何种手段记录观察的现象？这关系到准备观察工具，联系观察对象等工作。

## （二）考察实施过程

在研究中，教师有行动者和研究者双重身份，教师不单纯是研究活动的旁观者或局外人。在行动研究中，教师的自我观察，可以借助仪器，或通过其他研究者、同事或学生的观察和描述，以获得关于自身行动状态的真实信息。[①]换句话说，为了保证观察的客观性，要让研究者与实际工作者、局外人与当事人从不同的方面进行多视角的观察，全面而深刻地把握行动的全过程。

### 1. 自我观察

自我观察指教师自己对自身行动过程和结果的反思，通常表现为在行动结束之后，对自身所展开的行动过程进行回忆与描述。

### 2. 使用技术手段观察

由于教育教学受实际环境多种因素的影响和制约，许多因素又

① 郑金洲. 行动研究指导[M]. 北京：教育科学出版社，2004：107.

不可能事先确定和预测，更不可能全部控制。因此，为了使考察系统、全面和客观，行动研究的倡导者鼓励使用各种有效的技术，教师有必要灵活运用各种观察技术，如录音、录像等现代化技术手段。

**3. 请他人观察**

教师作为“行动者”与“研究者”，对自己的班级和教学情况太熟悉，可能会忽视一些因素的存在。这时候，需要借助专业研究者、同事、学生或其他人的角度来得到全面的信息。

### （三）做好考察记录

准确记录观察到的各种信息可以为反思改进提供依据。记录可在观察过程中或观察之后进行。由于课堂时间有限，教师可以用事先预定类别的观察表把每个相关联的事件归入同一类别并记录。对于教师而言，事件结束后作观察记录是较容易的，但这样可能会导致某些细节的遗漏。所以，教师要在事件结束后尽快记录，或者立即借用简短的摘要记录，为之后的整理做准备。①

## 五、反思改进

反思改进环节是在行动和考察之后做出的，它是行动研究第一个循环的结束，也意味着新的行动研究循环的开始。这一环节的主

① 孟庆茂．教育科学研究方法[M]．北京：中央广播电视大学出版社，2001：253-254.

要工作有“整理描述，评价解释，撰写研究报告”。[①]

### 1. 整理描述

对研究中获得的数据、资料进行科学处理，对观察、感受到的与制定计划、实施计划有关的各种现象加以归纳整理，描述出本循环周期的进程和结果，特别是多角度地、生动地勾画出行动的过程。

### 2. 评价解释

对行动的过程和结果做出价值判断，对有关现象和原因加以分析，给出诠释，找出计划与结果的不一致性。除了评价本周期的行动，得到研究结论外，有时还需要对产生这一课题的实际问题，根据实践体验所获得的深层次认识，作出进一步解释和评价。对整体设想、总体计划和下一步行动方案是否需要修正、需做哪些修正作出判断和构想。事实上，在整个研究过程中，诊断性评价、形成性评价、总结性评价往往贯穿工作流程的始终。

### 3. 撰写研究报告

行动研究报告有自己的特色，允许采取多种不同的写作形式。可以撰写成一般的描述总结研究报告，也可以编制一系列的个人叙述，或者让所有参与者共同撰写研究故事。近年来，行动研究的文本已经超出了学术文体的局限，正向传统的科研话语体系和表达方

① 曹培英．让学生亲身感悟让教学随机生成：对一个支撑课改理念的案例的分析[J]．小学数学教师，2003（11）：7．

式挑战。郑金洲提出，可以用研究日志、教育叙事、教育案例、教学课例与教学反思来表达行动研究的成果。

另外，整个反思阶段要注意以下几个基本要求。[①]

第一，以研究问题为基点。行动研究始于问题的解决，因此，在反思的环节上，教师需要针对原初的问题具体展开反思。通常的提问方式是：我是否解决了原初的问题，或在多大程度上解决了原初的问题，还有哪些问题需要在下一步的计划中得到解决，等等。

第二，以研究计划为参考。教师的行动和研究是在研究计划的指导下进行的，结合研究计划反思具有两个方面的作用。一是有助于考察原有计划的合理性。如果通过研究实践，未能解决现实的问题或改进原有的实践，教师就需要进一步思考“这一状况是否与研究计划有关联”“在多大程度上有关联”“由此是否可以判断原有的计划是失当的，甚至放弃原有计划”等。二是有助于完善下一步的研究计划。原有计划可以为下一步计划提供参考，教师可以在下一步计划中吸取其合理性，摒弃其失当的或不合理的内容。

第三，以教师行动为对象。在行动研究中，反思都是行动者的反思，是教师对自身行动或实践的反观。这种反观有时是描述性的，如对行动或实践所处的教育情境的记述；有时是批判的，如多角度地对自身行动或实践合理性进行综合剖析。

第四，以改进实践为归宿。行动研究从教育实践的问题开始，最终改进教师实践。教师反思的指向也应该是实践的，即在研究的过程中，教师个人的教育教学素养是否得到了提升，是否增进了教

---

① 郑金洲. 行动研究指导[M]. 北京：教育科学出版社，2004：118-125.

育教学实践的合理性。

行动研究的这几个环节是相互联系、相互依赖的，行动研究在螺旋式发展中改进教育、教学实践的质量，提升教师的专业化程度。现实总是一种即兴的、创造性的情景，所以现实中的教师行动研究过程是这个程式的种种变式，或者是它们的简单化。比如，怀特海把行动研究的循环过程转化为一组以教育活动为背景的陈述。[①]

①当我的教育价值观遭到实践否定时，我碰到了问题（如，我的学生在我的课上并不如我所要求的那样积极参与）；

②我设想着解决这个问题（重新组织课堂使他们积极提问，以小组活动或进行结构性练习）；

③我实施这个想象中的解决方案（让他们进行小组活动，并引入有结构的练习，使他们在没有我经常监督的情况下，提出和回答问题）；

④我评价我行动的结果（我的学生参与性加强了，但他们太吵闹，并且在有结构性练习的情况下仍依赖我）；

⑤我根据自己的评价重新系统地阐明问题（我必须找到一种方法，使他们既积极参与又不太吵闹）。

某种程度上说，行动研究在实施步骤上与其他研究方法相似，但在这其中，有两个显著的特点是不同于其他研究方法的。

第一，行动研究的问题是产生于实际工作情境中的，并且其计划的内容并非在决定之后就一成不变，而是从实际情境出发，根据实际情境的需要，随时检讨，不断修正。

---

① 郑金洲，陶保平，孔企平. 学校教育研究方法[M]. 北京：教育科学出版社，2003：249-250.

第二，行动研究是教师对自身实践进行的有意识、系统、持续不断的探究反思，它突出教师实践“研究”特征的同时，也突出了教师作为研究者的角色。

应该注意的是，教师的行动研究不应也不能向专业研究者的研究看齐。行动研究本质上来说是为自己的研究，从自身内部发展起来的。教师既要将行动研究作为一种研究方式，还要把它作为自己的生活方式。在行动研究中，方法固然重要，但作为行动，它的焦点是探究者。把探究者作为行动研究的焦点，意味着行动研究不再是对教师职业的补充，而应是教师职业生活的方式，它体现了教师作为人、作为实践者所拥有的本性。在这种生活方式中，教师体会到自己的责任，体会到自己存在的价值和意义；在这种生活方式中，教师凭借自己的力量，把自己和自己服务的对象紧紧联系在一起，并与对象共同构成了他的生活世界。在这种生活方式中，必须发展自己的理性，成为自己的主人；这样的话，他就不能重复别人的经验，而应该通过理性创造自己的世界。只有在这种创造出来的世界中，对象才会感到真正的内心平静。也许正是在这种生活方式中，行动研究才体现出了其原有意义。①

① 郑金洲，陶保平，孔企平. 学校教育研究方法[M]. 北京：教育科学出版社，2003：250-251.

# 第三节　行动研究的实施

## 一、行动研究的实施原则[①]

### （一）行动原则

传统的教育研究通常是以专业研究者代替教师对教育实践进行研究，教师处于对教育理论被动接受的地位，而行动研究提倡教师行动起来，对自己的教育教学实践做出多层次、多视角的分析和反省，在行动中获得对实践情境新的理解和改进。教师在自己的行动中发现问题，在自己的行动中研究问题，又通过自己的行动来解决问题。

### （二）合作原则

要求相关的人员共同参与研究，鼓励通过合作来解决问题。行动研究需要教育研究人员、教育理论工作者、教师的共同参与和合作，单凭教师的努力很难甚至完全不可能保证行动研究卓有成效。所以，教育研究人员、教育理论工作者、教师都要以解决教育、教学中的问题以及改进教育、教学工作为共同目标，在理解和尊重的基础上，相互支持，真诚合作，共同研究。这种合作既包括教师与

① 宋虎平．行动研究[M]．北京：教育科学出版社，2003：136.

教育研究人员、教育工作者间的合作，也包括教师与教师之间的合作。合作会使合作者都受益，也会使行动研究产生理想的效果。

### （三）弹性原则

教师可以在自己的教育教学生活中，随时随地依据实际情况，发现问题、制订计划、研究问题、解决问题，并且根据实际情况，适时适地调整研究的计划。随着行动场景的变化，中小学教师的研究也有所变化，教师行动研究应该有较充分的灵活性、开放性，要能够包容始料不及、未曾认识、在行动中才发现的各种情况。

### （四）继续考核原则

需要对行动研究不断地考核与检讨，利用各种方法及工具来汇集证据，作为再修改、再设计的参考。让行动研究在螺旋式发展中改进教育、教学实践的质量，提升教师的专业化程度。

## 二、实施行动研究的注意事项

### （一）转变观念，加强认识

当前，广大中小学教师面临着新一轮的课程改革挑战，一些教育发展水平较高地区的中小学教师已经走出或正在走出陈旧教育观念的束缚，他们通过教育研究尝到了教育改革的“甜头”，但还有相当一部分中小学教师仍守着一本书、一支粉笔、一块黑板，以多几个学生升入重点学校而自感满足，至于如何研究教学、研究教师本身与学生学习等，他们是无暇顾及的。

一般来说，中小学教师对科研的认识误区有如下几种。

有些教师认为，现行的教育、教学方式对他们来说驾轻就熟，在应试教育的大环境下，无人敢以升学为代价来进行教学改革。因此，他们以教学负担重等借口拒绝从事教育研究，在教育实践中因循守旧，凭借主观经验办事。

有些教师认为，从事教育科研要冒风险出成绩也不容易，得不偿失；还不如按部就班，或靠“加班加点”出成绩，而且这样的成绩（升学）是得到学校和家长的承认的。

还有一些教师认为教育研究具有“神秘感”，认为教育研究是少数专家学者的任务，中小学老师没有经过一定的科研训练，不能完成复杂的教育研究从而产生畏难情绪。

受传统观念的影响，部分教师对教师从事科研抱有不正确的认识，结果是让他们远离教育研究，即便有教师撰写论文也只是为了晋升职称之需，缺乏教育研究的“局内”意识，自然也就不能创造性地从事教育、教学工作。为此，中小学教师应该转变观念，加强对参与研究的认识。

第一，要充分认识教师从事教育研究的重要性。教育改革的开展必然要求教师教育、教学的变化，所以中小学教师在忙于教育、教学事务时，应对其中的许多问题进行理性思考，切实进行一番研究，只要通过研究解决诸多问题中的一个，教育、教学就会向科学化靠近一步。

第二，要破除教育研究的神秘性。教师处在教育、教学的第一线，从事教育、教学研究最有发言权，中小学教师本应是教育研究工作者的一部分。而专业从事教育研究的研究者相对于中小学教师而言，可能理论功底厚一点，但他们对教育教学第一线的情况掌握远不如教师。所以，作为理论与实践结合的行动研究法能充分发挥中小学教师的优势，强调教师的教育、教学过程本身就是一种研究，如果中小学教师能主动学习教育研究的基本理论，掌握一些基本的教育研究方法，自觉运用教育研究理论来解决教育实际中的一些问题，并把经验上升到理论，这本身就是教育研究，行动研究法破除了教育研究在教师执行中的神秘感，是适合教师使用的研究方法。

第三，要树立“教师即研究者”的新观念，增强教育研究意识，自觉地将自己从教育研究“局外人”变为“局内人”，在行动研究中改变自己传统的“教书匠”身份，用“研究者”的身份参与教育教学，在行动研究中发展教师个人的自我意识和自我教育，提高教师个人的职业能力，使研究成为教师新的职业生活方式。

### （二）加强学习，提高科研素养

行动研究的实施需要研究者具备一定的科研素养，不仅需要研究者具有良好的身体素质、智力素质、非智力素质和理论素质，还要具备一定的科研实践能力。

第一，要加强教育理论学习。教师对教育理论的学习程度和教育理论水平一定程度上决定了教师对教育、教学实际的理解程度和对教育、教学过程中问题的洞察水平，并影响实践的方向和效果。进行行动研究如果没有教育理论作指导，就会恢复到毫无研究性质的经验总结状态，也会导致研究工作的盲目性。因此，进行行动研究的教师必须加强教育理论学习。

第二，要提高科研实践能力。当前，教师对教育研究存在不正确认识的原因之一是部分教师的科研能力不足，缺乏信心。只有教师具备了一定的科研能力，才能消除他们从事教育、教学研究的心理和行为的障碍。教师要有问题意识，提高信息处理能力和创新能力等。学校一方面可以引进有关专家、学者对教师进行科研指导，另一方面可以让教师走出校门，到其他科研学校和单位进行考察和学习。只有亲身体验教育研究对教育实际的促进作用，才会相信教育研究，并主动参与教育研究。

### （三）加强管理，改善条件

教师进行行动研究，客观上需要一定的客观条件作基础。客观条件的制约也是中小学教师对科研存在畏难情绪的原因之一。为此，学校应该加强管理，积极改善条件，为教师从事研究创造良好的环境。

第一，给予时间。在现有教育体系下，教师忙于应付日常工作，有些学校甚至对学生实行看管式管理，教师几乎没有时间反思自己的教育教学行为。在提倡对学生进行减负的今天，也需要对教师进行减负，把教师从烦琐的简单劳动中解放出来，多从事创造性劳动。学校要减去教师不必要的工作负担，增加教师的行动研究时间。

第二，提供帮助。教师开展行动研究，需要理论上的帮助。理论书籍是教育理论的载体，专家也是教育理论的载体，二者缺一不可。然而，现在有些学校教育理论书籍缺乏，只购买学科的辅导资料，教师很难得到教育理论书籍的帮助，需要学校构建教师行动研究的理论支撑体系，包括书报杂志。同时，学校还应该为教师研究配置必要的仪器设备，给予一定的科研经费，聘请有关专家作为教师开展行动研究的引路人，等等。

第三，建立激励机制。学校在晋职和晋级方面应该向开展行动研究的教师倾斜，鼓励教师多读书、多行动、多反思。现在有一种倾向，认为中小学教师开展研究、写作教育论文没有必要。这种看法是对教育工作性质的简单化理解、短视化理解，忽视了教师工作的复杂性。教师行动研究对于提高教育质量、深化课程改革非常重要，建立激励机制非常必要。①

## 第四节　行动研究的成效、问题与改进②

教育行动研究不再只是一种理念，而是一种切切实实的教育实践，在我国中小学教育改革发展中发挥着越来越重要的作用。总结这种研究形态产生的实际成效，考察存在的问题及疏漏，进而明确发展走向，无论对我国教育研究还是教育实践发展都有着重要的推动作用。

① 李若. 教师行动研究如何行动[J]. 上海教育， 2005（8A）：1.

② 郑蕴铮，郑金洲. 教育行动研究：成效、问题与改进[J]. 教育发展研究，2020（4）：18-23.

## 一、教育行动研究的成效

行动研究自20世纪80年代末90年代初在我国迅速推广开，成为教育研究中的一种基本形态。这种研究方法在我国教育理论界和实践界的运用上，取得了多方面的效果，具体表现在以下几个方面。

### （一）弱化教育研究的神秘性，推进教育科研的普及

教育行动研究这个术语在引进之前，一线教师会觉得教育研究难以亲近。教育行动研究是把行动和研究两者有机结合在一起，是为了行动的研究、在行动中研究、行动者的研究，这种研究一下子将教育研究从“天上拉到了地下”，让一线教师看到了教育研究与自身实践活动结合的可能，而且自己在行动中进行考察或反思就已经是在从事研究了。这种认识一旦形成，极大地推动了教育研究的“本职化”和“生活化”，甚至是“属地化”和“本地化”，使教育研究在广袤的中国大地兴盛起来。

### （二）提升教师从事研究的自觉性，“教师即研究者”深入人心

行动研究在教育领域广泛运用的一大体现是将研究的主动权或主体责任交给教师，让一线教师成为研究的主人，“教师即研究者”很大程度上从理想转变为了现实。以前，教师觉得教育研究不是自己分内的事情，自己的本职工作是教书育人、传播知识，研究应该是另外一个群体——专业研究者要做的事情，这种理念深入人心，连部分专业研究者也这样认为。教育行动研究的引入，可以

说是教育研究权利一次前所未有的“下放”，是对教师角色的一次全新赋权，教师就是研究者，教师职业的内在属性就是对自己的教育、教学行为进行研究，教师研究的自觉性被空前调动起来。

### （三）理论研究者与实践工作者的合作日益密切，“到中小学去研究教育”渐成常态

行动研究进入教育领域后，理论研究者和实践工作者的合作变得更加密切。按照某些研究项目的申请要求，专业研究者申请的某些研究项目必须要有一线工作者加入，一线教师申请的某些研究项目也必须要有理论工作者的指导。这种政策或者说制度上的规定大大促进了两支队伍合作，“到中小学去研究教育”成为不少专业研究者的旨趣。理论工作者与实践工作者的合作，使教育研究的实践功能得到了空前强化，到中小学、教育改革现场、教育实践实地去研究教育成为风尚。

### （四）一大批面向实践的研究成果涌现，推动教育实践的改革与发展

教育行动研究开展以来，取得的研究成果数不胜数，各地区、各学校都或多或少地产生了研究成果。这些研究成果在微观上改变了不少教师的课堂，课堂教学的面貌已经与以前不同；中观上改变了不少学校的办学理念和办学行为，一些专业研究者与学校合作，为学校制订发展规划，谋划学校改革，统筹学校未来变革，使不少学校摆脱了原有的状态，走上了高质量高水平办学之路；宏观上推进了教育政策的制定与导向，政策制定者开始与专业研究者合作，

同时吸纳一批实践工作者参与政策制定。三方在政策制定前切磋协商，在制定中汇集智慧，在制定后评估反馈，共同推动教育政策的出台和落实。

### （五）丰富了教育研究方法理论，教育学作为独立学科形态的“方法论依据”日益加强

一门学科独立的标志，一般来说，需要有独立的研究对象和独特的研究方法。行动研究不是教育学自创的方法，首倡不属于教育学，但被教育界引入后，其规模、影响、运用范围、深刻程度等都已超过了在社会学和心理学方面。恐怕没有哪一门学科像教育学这样对行动研究的理论和实践作深入研究和大范围推广。可以说，有了教育领域的运用，行动研究才更能焕发新活力。当然在运用中，教育学对行动研究做了“学科加工”，使其体现出形形色色的教育学特征。也正是在这一过程中，行动研究的理论性得到了增强，教育学的研究方法乃至方法论体系发生了变化。

## 二、教育行动研究存在的问题

教育行动研究在教育界取得的成效显著，存在的问题也很明显，具体有以下五个方面。

第一，研究的边界日益泛化，方法特征变得越来越不明显。

行动研究是将行动与研究结合在一起，行动中有研究，研究中有行动，这种“合二为一”的理念深受广大教育实践工作者喜爱，也受教育理论工作者青睐。研究原本需要有明确的问题意识，有一定的程序和规则，有相应的手段和技巧，但行动研究因其“行动”

特性几乎消除了“研究”的特征，研究也几乎没有了边界，任何行为都可以开展“行动研究”。现实中存在着这样几种情况。一是有行动无研究：有的教育、教学实践活动在实践中有些许改进，但几乎看不到其中研究力量的支撑。二是有研究无行动：行动研究呈现出一些研究成果，发表论文或编撰书籍，但看不到教育、教学实际中的鲜活行动。三是有研究无成果：有的是切实开展了研究，研究过程也有反思调整，但没有以一定的形式表现出来。四是有成果无应用：有的是有一定的研究成果，但没有考虑或者说不能在教育、教学实际中运用。五是有应用无转化：有实践的推广运用，但没有结合各学校、各学科、各课堂或者教师的具体实际进行转化。六是有转化无自省：行动研究成果有运用和转化，但没有后续反思以及自身的批判性分析，研究成果没有进一步提升。

第二，研究的主体日益异化，行动研究的“负效应”正在呈现。

教育行动研究涉及多个研究主体，其中有教育政策制定者、教育专业研究者、教育实践工作者以及其他相关人员。各研究主体在不同的研究活动中承担不同的角色，发挥不同的作用。三类研究主体都有一些“负效应”值得关注。教育政策制定者在制定教育决策的过程中，只是寻找教育专业工作者提供的足以佐证自己既成决策的理论依据，进而论证自己决策的正确性和科学性，专业研究者的研究成果不是决策的来源或“主材”。教育专业研究者在深入中小学一线或参与教育决策的过程中，无论是社会的知名度还是经济收入都得到提高。纵观教育学界，单纯从事学术研究的理论工作者越来越少，连研究生都开始走进中小学。教育实践工作者按理说应该是教育行动研究的最大受益者，但似乎不然。专业工作者的大范围介入，使得一些学校或教师依靠专业研究者开展自己学校或课堂的“行动研究”，等成果出来后在实践中运用。“等、靠、要”的认识在一些学校或者地区还是比较普遍；也有当一所学校有了经验或成果，其他学校纷纷借鉴、效仿的情况。

第三，研究基础日益“低门槛化”，大批不具备基本研究素养的人员从事“研究”。

行动研究似乎任何人在任何地点任何时间都可以开展。在教育行动研究的实施中，一大批教师在没有掌握教育研究方法的基本知识，甚至不具备教育学、心理学基础知识的情况下涌入研究行列，兴致勃勃地开展了行动研究。同样，一大批专业研究者，在没有经过行动研究专门训练的前提下投身于教育实践第一线，为学校、教师指点迷津。其实，教育行动研究并不比教育中的任何一种研究简单，它从理念到方法都有自身的主张和要求。真正的行动研究者要对研究前提和理论基础进行审慎的考察，对方法需要的工具与技术进行深入把握，对方法采用的程序和规范有深入了解，在此基础上各研究主体进行充分的沟通与交流，展开深度合作。教育行动研究不是以简单、无要求自立于教育研究方法之林，而是以教育理论与实践的充分理解、双向互动、解决问题、推进实践为基本特征。

第四，研究范式日益窄化，缺乏必要的定量研究。

研究范式指关于教育研究自成一体的哲学思想取向、研究对象选择、研究方法选用、研究结果表现方式等，常见的研究范式为定量研究和定性研究，这两种研究范式在教育研究领域中是统一的。定量研究范式能克服研究过程中的主观性，确保研究的客观和准确，同时使教育实践者缄默接受的“信条”得到检验。而定性研究范式以自然情境作为资料的直接来源，受物质条件限制，可吸收教育实践者加入教育研究的行列。然而在教育行动研究中，不知何时几乎摒弃了所有定量研究范式，不少所谓的教育行动研究成果没有实验、没有控制、没有假设、没有统计、没有测量，好像一提定量研究，就与教育行动研究无缘了。实际上，教育行动研究从来不排斥定量研究，而且是将定量研究看作深入洞察教育实际和透析学校实践的基本手段以及获取教育研究资料的基本途径。我国教育研究在20世纪80年代还有一些实验研究，但随着教育行动研究的推进，实验研究几乎退出了中国教育研究“阵营”，这一问题需要引起重视。

第五，研究成果的模糊性以及低批判性，使部分教育行动研究逐渐走向了它的反面。

一些名义上的教育行动研究项目，就其成果而言是洋洋大观，粗看觉得项目成果斐然，行动研究成就突出，但细细思量却不尽然。不少研究项目，即使不做行动研究，甚至不做研究，好像也能取得这些成果，只不过是项目研究者在教育、教学日常工作之上又加上了“研究”二字。这种研究成果的模糊性，说明了“研究”的多余和泛在，这种做法是在抽离行动研究的自立性。还有另外一个问题很值得关注，即行动研究就其产生来看是对自身实践的反观与反省，是对教育、教学实践行为的深刻批判，这是行动研究赖以产生的根基。但从众多的教育行动研究成果来看，多的是“共鸣”，少的是“争鸣”；多的是自身行为的说明，少的是实践行为的评判；多的是成果的展示，少的是自我批评。教育行动研究倡导的批判性思维几乎遍寻不见。一定程度上，我们所做的教育行动研究正在暴露它的“反面”。

除上述问题外，教育行动研究自身存在的缺陷，如信度与效度不高、成果难以验证推广等等，在我国教育研究中也存在。

## 三、教育行动研究的改进

教育行动研究的健康发展是这一研究类型能够保持旺盛生命力的前提保证。总体来看，可以从以下几方面做出改变。

### （一）加强教育行动研究的规范化建设

教育行动研究虽然相较其他研究类型比较灵活、宽泛，但不随意。从当下的情况看，加强教育行动研究的规范化、程序化建设已变得越来越必要和重要。界定概念是行动研究的基础，也是大家相互对话和交流的平台。概念组成了规范，是规范形成的基本前提；因此，教育行动研究者应当具有充分的概念意识，以概念为基础展开思考和论证。概念和以概念为基础的规范都是通过一定的结构安排有机组合起来的，在不同层面上形成研究的基本要求。规范也是以规则为基础。教育行动研究的规范化建设意味着必须掌握和运用教育研究方法的一般规则，在有充分概念界定意识的同时，还要有充分的方法意识、成果表达和运用意识等。要遵守教育研究中已经形成的最低限度共识，形成共同讨论的平台，否则容易导致“自说自话”“各说各话”，无法实现研究成果认知的统一性。此外，规范化建设还意味着要遵从教育研究的基本程序，体现“程序正义”。研究总是要经历一定的阶段，有不同的步骤，包含一系列工作环节。从大的方面来讲，要有研究课题的选择、方案的设计、研究的实施、成果的呈现、成果的应用。在一项教育行动研究成果中，如果没有基本程序保障，不符合基本程序要求，将其命名为“研究成果”是不合适的。

### （二）开展教育行动研究的“元研究”

一般来说，当一个学科或领域发展缓慢甚至停步不前的时候，也正是“元研究”兴起的时候。我国教育行动研究已经开展了几十年，在发展中遇到的问题也越来越多，要突破当前的困境，元研究不失为一种选择。教育行动研究的“元研究”，以教育行动研究自身以及研究状态及其发展进程为研究对象，至少可以包含三大领域。第一，教育行动研究的元理论研究——对我国出现的教育行动研究的理论或思想进行研究。自教育行动研究引入以来，国内学者发表了一系列成果，形成了具有自身特色的教育行动研究理论，有些理论和主张在全国也有一定的影响。对这些理论进行考察和反思，对其中术语、概念、命题等的合理性和有效性进行分析，探索这些理论的形成道路和不同的研究范式发展情况，分析一定的社会历史背景对教育行动研究理论形成的影响，辨识各理论主张间存在的异同，等等，都有助于教育行动研究理论的发展。第二，教育行动研究的元方法研究——对既存的教育行动研究方法进行研究。教育行动研究作为一种独特的研究类型，包含多种多样的方法，如观察法、实验法、问卷法、访谈法等。这些方法在实际运用中又形成了不同的变式，有多种不同的表现形式，而且方法与方法的融合、整合，又构成形态各异的“组合体”。对这些方法进行研究，洞察其构成、分析其要素、透视其程序、把握其环节，进行各种形式对比，一定程度上会促进这些方法的健康发展。第三，教育行动研究的元资料分析——对教育行动研究资料分析结果的研究。这些年来，我们对教育行动研究是边实施、边反思、边改进的，其间也形成了一些对教育行动研究进行反思的成果，也有一些对教育行动研究较为深入的资料分析。对这些分析结果，完全可以进行“再分析”，在元研究层面上的探讨，用超越和审视的眼光进行“复核”。与元数学、元哲学的元研究不同，教育行动研究的元研究注重研究理论的产生、途径、过程和范式的发展变化，研究理论与研究者、社会现实之间的相互关系等，是一种“泛化”的元研究。

### （三）推进多种研究范式的综合运用

教育行动研究之所以能够在我国教育界受到欢迎，一个重要的原因是国人原有的综合性思维特征，以及多年来在教育实践中广为运用的“经验总结法”。综合性思维相对的是分析性思维，对问题以及事务的认识大体以一种笼统的、概要性的考察为特征。教育行动研究将行动与研究有机地结合在一起，行动过程变成了研究的过程，这让我们原有的综合性思维在两者结合中有了用武之地。“无量化不科学”“无数据不精确”，对于这样的说法我们不见得赞同，但一项研究没有基本的数据、量化、测量、统计作支撑，要想复制和推广几乎是不可能的。当然，我们也可以将教育研究立足于本校、本职岗位的改进，不考虑推广事宜，但随着研究的深入，研究成果要让他人承认甚至让他人进行认知，没有量化也是很困难的，甚至要说服自己恐怕也有些困难。从教育行动研究者的素养来看，有些研究者可能具备了相当的教育理论功底，对教育实践也有自身的洞察力和分析力，但依旧缺乏定量研究的基本素质，不重视研究工具，忽视定量分析和测量统计的现象还较为常见。在这方面努力的空间还很大。

### （四）注重将批判性反思思维运用于教育行动研究的全过程

批判性反思思维是教育行动研究的“灵魂”。行动研究的典型过程是“计划—实施—观察—反思”再回到计划的反复式过程。在实际的教育行动研究中，研究者往往会有意或无意地弱化这种批判性特征，设计中缺乏反思，实施中缺乏批判，考察中缺乏旁观者眼光，结果验证中缺乏方法审视，后续实践中缺乏螺旋式行进，这种现象需要从根本上得到改变。广大教师是行动研究的亲历者，这使得他们拥有了其他研究类型的研究者不具备的对研究本身的敏锐感知力。这种感知力可以使他们更加有效地调整最初的研究计划，动态调整后续的研究行为。行动研究中缺少了批判，也就缺少了生机活力，行动研究存在的意义也会被弱化。

### （五）运用大数据评价教育行动研究成果

教育行动研究成果一般是通过“内在质性评价”进行，也就是由同行专家对相关学术成果的内容、性质等进行评估，由相关部门邀请相关领域专家考察学术成果的内容、结构、创新性、教育教学行为改进的贡献，进而确定其理论或实践价值。这种做法虽然能在一定程度上反映研究成果的水平，但受限于评价者的已有经验和认知水平，具有强烈的主观价值判断色彩。只要使用适当的技术手段，语言、思想、行为等参量都可以被量化为数据。当前，大数据的挖掘技术可以从网络云端挖掘出有价值数据。与以往的教育行动研究成果评价相比，运用大数据进行评价将从成果的海量数据中找出相关性，克服过去的线性思维，更加客观地描述研究成果。在大数据时代，对研究成果相关数据的采集，将更多地借助于人工智能自动采集手段，排除了人的偏见和情绪等不利因素。

教育行动研究只有切实得到改进，才能体现它在教育理论和实践中的价值，也才能真正内化为教育自身不可或缺的组成部分；而这种改进，需要付出艰辛的劳动及长期的努力。

本书行动研究案例见电子资源中的“行动研究案例”。

## 思考题

1. 如何理解行动研究法的含义？

2. 行动研究法的特点是什么？

3. 行动研究法有什么意义和作用？

4. 行动研究法实施的具体步骤是什么？在具体的环节要注意哪些问题？

5. 行动研究的实施原则是什么？实施中要注意哪些问题？

6. 以一个你在教育、教学中发现的问题，根据自己的实际情况，制订一个行动研究的计划。

# 第九章　个案研究法

## 第一节　个案研究法概述

个案研究法是社会科学研究中常用而独特的一种研究方法。最早被倡导和系统使用于19世纪中叶的欧洲，20世纪20年代在研究社会现象方面已经得到广泛运用。个案研究法早先被运用于犯罪学、医学、法律学，随着科学研究的发展，逐渐运用于人类学、政治学、社会学、心理学、教育学以及各种咨询与指导领域的研究工作中。在教育领域中，个案研究法对于广大的教育工作者来说，是一种易于操作、便于使用的研究方法。

### 一、个案研究的含义

个案研究指采用各种方法，搜集有效、完整的资料，对单一对象进行深入细致研究的研究过程。[①]通常个案研究是以单一的、典型的对象为具体研究对象，通过对其进行直接或间接、深入而具体

---

① 郑金洲，陶保平，孔企平. 学校教育研究方法[M]. 北京：教育科学出版社，2003：189.

的考察，来了解对象发展变化的某些特点，并在此基础上设计与实施一些积极的教育措施以促进其发展。①

个案通常又被称为“案例”，是指具有某种代表意义及特定范围的具体对象。具体到教育研究领域来说，这个对象既可以是一个人、一种课程、一个机构，也可以是一个事件或一个过程。个案研究法就是广泛搜集个例资料，彻底了解个例现状及发展历程，对单一研究对象的典型特征进行深入而缜密的全面研究分析，确定问题的症结，进而提出矫正建议的一种研究方法。通常也被称为个案法、案例研究法。②

综上，个案研究方法就是对单一的研究对象或现象进行深入而具体的研究的方法。总之，在教育研究领域，个案研究就是选定一个典型的个人（学生或教师）、一个突出的教育事件或一个有代表的教育团体机构为研究对象，尽可能收集有关这个研究对象的一切资料，详细了解研究对象的现状及发展历程，进行全面、细致、深入的分析研究，探索造成某种特殊状况的原因，从中揭示其发展变化的基本规律，并在此基础上提出有针对性的教育和改进措施，促进研究对象良好发展的研究方法。③

## 二、个案研究的特点

学者林佩璇结合国外学者的观点，将个案研究的特点概括为：

---

① 陈时见. 教育研究方法[M]. 北京：高等教育出版社，2007：87-88.

② 徐冰鸥. 中小学教师怎样进行课题研究：教育科研方法之个案研究[J]. 教育理论与实践，2008（5）：42-44.

③ 刘电芝. 教育与心理研究方法[M]. 重庆：西南师范大学出版社，1997：303.

整体性、多样性、个别性、全面性、启迪作用、归纳性和自然类推等。[①]潘淑满也指出个案研究的四个特点：在自然情境下探讨问题，深入式的研究，重视脉络的观点，建构理论。[②]还有学者将个案研究的特征概括为：个案的典型性与问题的普遍性、结果的描述性与过程的跟踪性、情境的自然性与互动的灵活性、方法的多元性与注重分析的科学性。[③]

根据已有的研究成果，个案研究的特点可概括为以下几点。

### （一）研究对象的单一性和典型性

个案研究的对象通常是单一个体或单一群体，即使是由多个个体组成的研究群体，也强调研究对象的整体性。整体内各元素之间相互依赖，其中一个发生变化，其他元素也都将随之变化。除了单一性，个案研究在研究对象的选择上讲究典型性，所谓典型，就是能集中、全面反映同类事物的共同属性或事物发展趋势的特殊个体。[④]

虽然个案研究的对象单一，但它必须要在一定程度上反映其他个体和整体的某些特征或规律性的联系。个案研究的目的固然是了解某个体或群体的具体情况，但也要通过一个个案的研究，揭示一

① 林佩璇. 个案研究及其在教育研究上的应用[C]//中正大学教育学研究所. 质的研究方法. 高雄：丽文文化事业股份有限公司，2000.

② 潘淑满. 质性研究：理论与应用[M]. 台北：台湾心理出版社，2005.

③ 徐冰鸥. 中小学教师怎样进行课题研究（五）：教育科研方法之个案研究法[J]. 教育理论与实践：中小学教育教学版，2008（5）：3.

④ 戴双翔. 教育科研的常用方法：教育科研系列讲座之三[J]. 中小学教材教学，2002（33）：43-47.

般规律。例如，瑞士心理学家皮亚杰通过与少数儿童进行谈话，揭示了儿童心理发展的普遍规律。

一般来说，作为研究对象的个案应该具有以下三个显著特征。第一，在某一方面是否有显著的行为表现；第二，与这方面有关的某些测量评价指标是否与众不同；第三，教师、家长等主要关系人是否有类似的印象和评价。①

例如对某学生创造能力发展的个案研究，可以了解其是否经常有小发明、小创造、小制作；在创造力测验上的得分是否高于常人；教师及家长对该生在这方面的相关表现诸如脑子活跃、常提怪问题等是否有较深刻的印象，能否举出一些具体事例。

再如，对某学困生进行个案研究，可以观察其是否经常上课注意力不集中、作业完成困难、反应迟钝；在智力测验上是否低于常人；教师及家长对该学生在学业方面的表现诸如多动、学习积极性不高等是否有较深的印象，能否举出一些事例。如果确实存在行为表现异常，并且教师和家长有类似的评价，那么把该生作为个案研究的对象就具有一定的价值。②

### （二）研究方法的多样性和综合性

个案研究的研究方法较为多元，为了搜集有深度、广度的个案资料，从多角度把握研究对象的发展变化，在具体从事个案研究时，须结合教育观察、问卷调查、访谈调查、教育实验、教育与心理测量、实物分析以及整理查阅文件、档案记录等多种研究方法，

① 江芳，王国英. 教育研究方法[M]. 上海：华东师范大学出版社，2009：249.

② 杨晓萍. 教育科学研究方法[M]. 重庆：西南师范大学出版社，2006：178.

综合行动研究法、叙事研究法等各种研究手段，保证研究的科学性和有效性。

例如，对某一超常儿童进行个案研究时，对该儿童进行智力水平测量可使用测量法；了解其行为操作、智力表现是否杰出可用观察法并制作观察记录表；了解其成长环境可使用访谈法和问卷调查法等，必要时还可以做一些对照试验。因此，仅采用某种独立的个案研究手段还不能达到对研究对象的深入了解，只有综合多种研究手段才能全方位地揭示研究对象。

### （三）研究内容的深入性和全面性

个案研究既可以研究个案的现状，也可以研究个案的过往，还可以追踪个案的未来发展。个案研究可以做静态的分析诊断，也可以做动态的调查或跟踪，这是一般的调查研究和实证研究无法做到的。个案研究的对象相对单一、量小，保证了研究者在时空上有条件对研究对象进行多方位、多层面和多维度的研究，研究者可以对研究对象进行深入、全面、系统的分析和研究。[①]

例如，对进步较大的学生研究，往往需要从多方面加以考察，诸如学生学习的智力因素和非智力因素，原有的知识基础和学习方法，教师的教学和家长的辅导等。此外，还要进行学习情况前后的对照和比较，以此对该生进行比较全面而深入的了解和认识。[②]

---

① 顾永安. 教育研究方法[M]. 南京：南京大学出版社，2015：220.

② 徐红. 教育科学研究方法[M]. 武汉：华中科技大学出版社，2013：182.

### （四）情境的自然性与互动的灵活性

个案研究可不拘时地，随时对研究对象做深入研究。个案研究一般都是在自然情境下展开探讨，不改变外在因素，研究者在一旁观看或是参与其发生过程，不添加任何外在的影响，对研究对象控制程度很低，重在观察研究对象自然状态下的表现。研究者参与个案，站在研究对象的立场上观察，探讨研究对象对事件的知觉过程，用研究对象的语言和概念与他们互动。[①]

### （五）目的的针对性与结果的描述性

个案研究的目的，不只是对问题的前因后果求得了解，而且更希望通过对个案心理需求的详细了解，形成帮助研究对象解决困难的方法。[②]任何个案研究都是通过探究某个特殊的研究对象产生某种特殊状况的原因，进而据此提出针对性补救或矫正措施，因材施教，以促进研究对象获得更好的适应和发展。例如，班上某名学生近来上课总是烦躁不安，行为异常，研究者可通过家访进行调查，了解其生活情况和环境的变化，找出问题的症结，对该学生进行有针对性的教育和指导，使其重新振作，认真学习。

个案研究的结果是对研究对象较为丰富和详细的描述，通过讲述研究中的故事和对研究过程中的“实物”进行生动细致的描绘，引领读者更好地理解研究中的样本。

---

① 徐冰鸥. 中小学教师怎样进行课题研究（五）：教育科研方法之个案研究法[J]. 教育理论与实践：中小学教育教学版，2008（5）：3.

② 张春兴. 教育心理学[M]. 杭州：浙江教育出版社，1998：35.

## 三、个案研究的类型

由于学者对个案研究认识不一，采用的分类标准也不同，故有不同类型的个案研究法。

### （一）按研究内容、适用范围及其目的划分

#### 1. 诊断性个案研究

主要运用于考察特殊儿童、研究问题行为以及精神病患者等，目的在于对研究对象的心理现状做出诊断。

#### 2. 指导性个案研究

广泛运用于教育领域，例如对新的教学方法和教育方式在某个班或某个学校进行尝试，然后再将研究成果推广到普遍教育实践中。

#### 3. 探索性个案研究

常用于大型研究的准备阶段。主要指在确定研究问题和研究假设之前，凭借研究者的直觉线索到现场了解情况、收集资料形成案例，然后再根据这样的案例来确定研究问题和理论假设。①

### （二）按个案研究对象划分

个案研究对象可划分为个体类个案研究和群体类个案研究。个体类个案指研究的对象为个体，既可以是对个人，也可以是对某一现象、某一团体、某一事件等，都可将其视为一个研究单位的、连

① 张燕，邢利娅．学前教育科学研究方法[M]．2版．北京：北京师范大学出版社，2014.

续的、系统的个案研究，例如对某名学习成绩优异的学生成长历程的个案研究。群体类个案是指研究对象为具有同一特征的群体，既可以是对一类人，也可以是对一类团体、一类事件等，都可将其视为一个研究单位的、连续的、系统的个案研究，如中国科学院心理研究所对超常儿童群体的研究。

划分标准不同，个案研究可以有多种不同的类型，但需要指出，这些不同类型之间并不是泾渭分明的，实际研究中很少单独使用某一类型的个案研究，而是经常根据其不同特点综合使用各种类型的个案研究，以取得优势最大化。

## 四、个案研究对一线教师的意义

每位教师在其教育生涯中总会遇到诸如学生中途退学、学习障碍、道德不良、违法犯罪等难题。面对这些难题，采用常规的教育教学方法往往难以奏效。这就需要教师采用个案研究的方法对其进行深入、细致、全面、长期的调查，寻找问题的根源，为学生提供正确的辅导策略，帮助学生解决问题。研究如何帮助学生解决问题，不仅促进学生发展，还对于教师自身的发展也有益处。教育个案研究对一线教师的意义体现在以下几个方面。[①]

### （一）个案研究在教师的日常工作中具有较好的可操作性

一线教师需要应对日常繁杂的教学工作，时间和精力有限，理

① 徐冰鸥．中小学教师怎样进行课题研究（五）：教育科研方法之个案研究法[J]．教育理论与实践：中小学教育教学版，2008（5）：3.

论储备不足，开展严格的教育实验和大范围的教育研究都不现实。个案研究因其研究对象少、研究规模小且一般都在没有控制的自然状态中进行等特点，使教师有条件对个案的方方面面进行细致的研究。教师可以抓住个别典型的学生、教学行为、教学事件，结合教育、教学工作时间进行研究。对于任何一位教师来说，可以随时随地找到自己感兴趣的研究对象，也不需要特殊的处理，不影响正常教育教学活动。

### （二）个案研究对教师教学活动具有较强的实践意义

个案虽然特殊，但它准备揭示或予以验证的问题往往是具有普遍意义的。教师展开个案研究所关注的问题往往是困扰、影响自身及同事教学目标达成的问题，只有解决了，才能保证正常的教育教学工作顺利开展，这就促使教师在压力下产生个案研究的热情。个案包括一系列过程、事件、个人或研究者感兴趣的事，比如教学计划、课程、教师角色和学校事件等；这些都是教师日常要面对的工作，教师可以随时搜集研究所需要的资料，这也是其他研究者所不具备的优势。而个案研究所使用的研究方法，如访谈法、观察法、调查法等，对大多数中小学教师来说并不陌生也不复杂，在日常教学工作中会经常用到。个案研究的较强实践性特点，能够增加一线教师从事研究的主动性和自信心。

### （三）个案研究对教师专业成长具有积极的促进作用

个案研究能够促进教师进行自我反思，教师的自我反思有助于其专业成长。教师在确定了研究问题后，需要对研究个案进行长时间、深入细致的跟踪调查，不断主动追寻问题的症结所在。教师必须经常追问自己“是什么”“为什么”“怎么样”等问题。这种不断自我反思的过程，能够帮助教师朝着专业化方向迈进。个案研究还能加深教师对教育理论的理解，教师可以选取典型事例写成案例，通过案例的形式学习理论应用，有效地把理论学习与教学实践紧密结合，使教育理论能落实到实践中并指导实践，使案例成为沟通理论与实践的桥梁。同时，教师不断进行案例分析和写作的过程也是一个主动学习理论的过程。个案研究促使教师对所遇到的问题不断进行思考，在总结经验和教训的基础上，归纳出具有教育规律性的内容，从而深化对教育理论的理解。

## 第二节　个案研究的步骤与方法

### 一、个案研究的步骤

个案研究的具体步骤包括在各种现象中确定个案，对个案进行评定，收集个案资料，整理分析资料，对个案进行补救、矫正与发展指导，追踪研究，撰写报告。①

#### （一）确定个案

任何科学研究首先要做的是发现问题、提出问题。发现和提出

① 陈伙平，王东宇，丁革民．教育科学研究方法[M]．福州：福建教育出版社，2008：163-176.

问题的关键在于研究者是否善于观察，积极思考。对于一线教师来说，研究对象的选择是较容易的。一线教师每天都和学生相处，学生的一举一动都在教师的关注之下。因此，在教育、教学过程中，教师根据自己的兴趣或者学校课题要求，考虑选题的可行性与价值，选定某一方面具有典型特征的学生或事例。例如，教师发现某一学生有不同于他之前的一系列行为变化，他过去学习成绩优秀，上课积极听讲，能认真完成作业，积极参与班级活动，但突然一段时间内对学习产生厌倦情绪，经常迟到、旷课，学习态度消极，学习成绩直线下降。这些行为习惯变化的成因一时难以确定，而教师又对该变化感兴趣，即可将该生确立为研究对象。

### （二）收集个案资料

对个案资料的数据收集可以分成两个阶段。第一阶段，通过文献检索的方法，搜集与研究问题和个案相关的各种资料，如相关的研究论文、研究报告、官方文件资料、个案所处的社会背景及环境等，为实地阶段的研究做好充分的准备。第二阶段，进入现场对个案进行全面深入的考察，此阶段对个案研究来说，并没有什么专有的收集资料的方法，而是多种方法兼收并蓄，只要是有利于自己发现问题、解释问题的方法，都可以进入个案研究。一般用得比较多的方法是观察、访谈和实物分析，有时也运用填调查表、面试或测查等方法。

资料搜集的过程应遵循三条原则。一是数据来源要广泛，即要用多种方法、从多种角度、按不同来源搜集数据，这样可使研究者对数据进行互证。例如对某学生辍学原因的研究，资料收集可用观察、访谈、实物分析（如学生的日记、教师的记录）等多种方法，也可与教师、同学、家长等多方访谈，探究其辍学原因。二是建立个案研究的数据库，内容可以包括研究者的笔记、文件、访谈、观察的原始记录，基于调查形成的表格、档案等。三是建立证据链，让一个读者能够从最初的研究问题，跟随相关资料的引导，一直追踪到最后的结论。

### （三）整理分析资料

个案研究的第三步是对收集的资料进行整理与分析，找出个案中现象出现的必然因果联系与产生该现象的基本或首要原因。

在离开访谈和观察的现场后，研究者应第一时间对访谈稿件和观察记录等资料进行整理。最初搜集到的资料往往是混乱的，有些资料是无用的，研究者必须一遍遍阅读搜集到的资料，剔除无用的资料，归类有用的资料，确定对个案发展有突出作用的某些因素，从而对个案做出正确的诊断，根据分析的结果及时调整研究问题和方法。分析资料的过程也是对资料进行整理、简化和不断抽象的过程。在整理分析资料时，呈现个案特征的材料应力求客观。然而研究者有自己的价值体系，对事件有自己的看法，在强调对个案进行符合事实分析的基础上，研究的结论和推论中都可以有研究者价值的介入。

资料分析是个案研究的一个难点。教师往往在面对一大堆的资料时，不知如何下手。因此在收集资料时，教师应注意缩小研究范围，不要试图去研究所有内容。在一般研究问题上提出更为具体的有助于分析数据的问题；及时写下对观察内容的分析，促进批判性思维的形成；在研究过程中经常要写一些感受、启发、反思之类的小文章，这些内容都可以作为撰写报告的素材。

### （四）对个案进行补救、矫正与发展指导

在分析整理资料的基础上对学生提出补救、矫正与发展的指导，对学生如何发扬成绩、克服缺点要设计一套可行的方案，并加以实施。

对个案发展的指导可以从两方面开展。

第一，改善通过指导可能得到改善的外因条件，使之适应学生的发展。针对个案出现的实际问题，对学生提出一些要求，或降低家长对学生过高的期望，改变教师对某个学生的看法。加强促进发展的外因条件，如家庭氛围、影响以及父母对子女的教育态度和方法等。此外，对于那些不可能得到改善的外因条件，教师应提出加以防范或疏导的措施。

第二，对学生发展的内在因素加以适应性发展与矫正，以便与社会环境要求相适应。例如，通过校内的心理咨询，提高学生的健康水平，改善和发展学生的性格、情绪等，使学生能克服不良情绪；教师通过思想教育，改变学生对世界、社会、他人的看法与观念；组织丰富多彩的校内外实践活动开阔学生视野，强化其与人交往的意识，提高其社会适应能力。

### （五）追踪研究

个案研究的追踪研究一般要进行较长的时间，以此来了解其行为发展变化情况，评估用于指导其发展教育措施的实际效果。在追

踪研究中，对研究的目标要一以贯之，但目标可以随着发展指导具体措施的变化而发生变化，目标要随其不断修订和调整。

## （六）撰写报告

一般来说个案研究的报告撰写没有统一格式，而是随着研究的开展灵活选取。但不论研究者选取什么样的写作风格，研究报告通常都包括以下几个部分。

### 1. 背景介绍

包括研究问题的提出、研究的目的与意义。此部分明确提出研究的现象和问题、研究的个人目的和社会目的、研究的理论意义与现实意义。如选择的个案是什么，为什么要对个案进行研究，研究个案是为了达到什么样的目的。

### 2. 研究方法的选择和运用

包括抽样的标准，即个案是如何选定的；进入现场以及与被研究者建立和保持关系的方式；采用什么方法收集资料和分析资料；关于研究伦理的考虑；研究实施过程，即研究持续时间的长短，访谈、观察的时间表及频率等。此部分的叙述要足够详细，让读者能够通过文章透彻地了解研究过程。

### 3. 个案研究结果的分析

此部分主要是针对个案的研究结果，包括对观察资料、访谈资料、实物资料的描述与概括分析。此部分是研究报告的主干部分，必须详细且具体。

此部分的写作中，主要有三种处理方法。其一是使用分类的方法，将研究结果按照一定的主题进行分类。例如对辍学学生的研究，可以从该生自己的角度将其辍学的过程、原因，辍学后的去向、心情、打算，各类人对辍学学生的反应进行分类描述和分析。其二是情境型，注重研究的情境和过程，注意按事件发生的时间序列或事件之间的逻辑关联对研究结果进行描述。其三是结合型，即将分类型方式与情境型方式结合使用。例如，可以使用分类法作为研究报告的基本结构，在每一类属下面穿插小型故事片段；也可以将情境法作为研究报告的基本结构，同时按照一定的主题层次对故事情节进行叙述。结合型写作方式在写作中较为常见。

#### 4. 结论与建议

对研究结果进行深入讨论与反思，从个案研究的结果中推出最终结论，并对结论的真实性和有效性进行必要解释，对个案研究中出现的问题提出合理意见。

#### 5. 列出参考文献及附录

参考文献要按照其相关标准列出。附录位于文章后，主要包括一些无法在文章主体部分呈现的资料。

## 二、个案研究的方法

个案研究根据研究对象、目的、内容的不同，可以采用追踪法、追因法、临床谈话法、教育会诊法。

### （一）追踪法

追踪法是在较长时间内连续追踪研究单个人或事，详细收集与之相关的资料，揭示其发展变化情况和趋势的研究方法。追踪法的研究时间短则数月，长则几年或更长的时间。

个案追踪法是对相同的个案进行长期且连续的研究，研究者能真实且直接地获得研究对象发展变化的第一手资料，能深入了解个人或某一教育现象的发展情况，弄清发展过程中的个别差异现象。因此追踪法主要适用于以下三种情况。一是探索单个研究对象发展的连续性。追踪法一般针对相同的对象做长期连续的研究，故可对对象自身的变化做纵向比较，研究者从中了解其发展的连续性。二是探索单个研究对象发展的稳定性。主要是探索研究对象某方面的特质或某些教育现象在各个时期发展的稳定性。三是探索早期教育对后续教育阶段的影响。

### （二）追因法

追因法指通过已经存在的结果去追溯和探究结果之所以存在的原因。追踪调查中的追述用于个案研究，就是一种追因法。在教育研究中，追因法是先知道结果再分析其产生的原因。例如某个学生成绩突然下滑，上课不能认真听讲，这种情况采用追因法最为合适。

### （三）临床谈话法

个案临床谈话法主要是通过谈话形式进行的一种个案研究方

法。这种方法既适用于对有困难儿童的研究，也适用于对正常儿童的研究。前者研究目的不在于发现有困难儿童的行为倾向、关系和规律，而旨在通过观察、谈话等方法来分析、诊断有困难儿童所面临的困难，提出合理的建议与改进方法，帮助他们走出困境。后者是通过对正常儿童分析，发现儿童发展的一般规律。

临床谈话法可以是口头谈话，即面对面交谈，也可以是书面谈话，即问卷谈话。口头谈话时，教师一定要创造轻松自由的谈话环境，以平等的身份与学生进行谈话。书面谈话一般按照问卷要求的程序进行，教师要在问卷填写之前交代做问卷的具体要求和注意事项，对问卷的评分要严格按照评分标准进行。

### （四）教育会诊法

教育会诊法是教师通过集体讨论，就某一学生的行为作出诊断，形成比较公正客观的结论的方法。教育会诊法适用的范围较广泛，不仅适用于个性发展有问题的学生，也适用于正常的学生。它通常针对的是学生思想品质及学习方面的问题，而且研究者往往是一线教师，而不是专门的研究人员。教育会诊法还具有简便性和集体性，深受教师喜爱。

总体来说，个案研究的方法主要是由收集资料的方法（调查方法）决定的。追踪法对应追踪调查，追因法对应追述，临床谈话法对应访谈调查（包括问卷调查），教育会诊法对应集体讨论。实际研究中，个案研究要综合使用两种或多种方法进行研究。

# 第三节　个案研究报告的撰写

撰写研究报告是对前面各阶段研究工作的梳理、归纳和总结。除总结案例研究过程和特点之外，个案研究报告还需要教师运用简洁、明快、生动的语言对所观察到的事件进行故事性描述，并在其中渗透教师的情感、展现教师的生活，使个案报告具有可读性。

从内容看，个案研究报告应包括以下三个要素、四个部分。三要素指做法、想法和说法，四个部分指问题的发现与界定、问题成因或症结、问题的解决过程、反思讨论。[①]做法指研究者为解决现有问题所采取的方法或步骤以及实施效果。想法指研究者以及同事或同行在研究过程中或研究过后的看法和观点。说法指在综合以上看法和观点的基础上进行自我反思，并进行个性化表述。一般的规范中，个案研究报告包括题目、作者与署名单位、摘要、文献综述、问题、假设、方法与过程、结果、讨论、小结、参考资料等部分，但还应结合实际情况来确定撰写内容。[②]根据不同的研究内容，可以将相似或相近的内容进行合并，最后见诸文字的可能是题目、作者简介、研究问题、研究方法、研究过程、研究结果与讨论等几大部分。

① 张怡真．如何做教育个案研究[J]．教育理论与实践，2009（23）：46-47.

② 唐晓娟．如何进行个案研究及撰写研究报告[J]．山东教育，2002（Z6）：26-28.

个案研究的题目一定不可大而空，要实在且具体，这样才能体现出研究目的，否则会给读者留下无主题、无重点的感觉。

正文将研究问题、研究方法、研究过程、研究结果与讨论等都包含在其中，具体分为个案描述、教育过程、教育效果、教育反思等板块。①

## 一、个案描述

个案描述即案例背景，旨在真实、客观、形象地描述案例（教育对象问题或事件过程），即教育背景与学生（或现象、事件）的问题分析，属于背景描述、问题诊断。②具体有如下六个要求。第一，对描述对象（学生、现象或事件）必须有周密的观察、详细的调查、深入的了解与心灵的沟通。第二，有教育对象姓名（化名）、问题、家庭背景等基本情况，或事件的时间、地点、人物、过程等要素。不必面面俱到，但要与事件的性质和原因有关，将问题清晰地展现出来。第三，描述要有鲜明的主题，所描述的问题或事件应是教育管理活动中常见的疑难问题，其处理方法可能考验教师的教育管理核心理念。第四，描述必须客观、直接、感性、细腻，即含有直接对话或事件情形，而不全是主观表达。第五，描述中要对案例进行定性分析和归因分析，明确教育矫正的侧重点。分析原因要运用教育学、心理学理论，如按放任、民主、专制型归类分析学生的家庭教养方式，能够从心理动因、利益动因、情感动因等角度理性分析学生行为的原因，最好恰当地引用理论原理与观

① 陆非文. 个案研究简述[J]. 上海少先队研究，2015（1）：24-26.

② 廖耀良. 个案研究教育案例的撰写[J]. 广东教育（综合版），2007（9）：25-26.

点。第六，描述要有重点，要突出揭示个案所含的本质问题和关键原因。如果是主题班会式的个案研究教育案例，这一部分的大纲可以定为“教育背景”。主题班会是有很强针对性的教育活动，其教育案例的教育背景所涉及的事件，必须是班级发生的突发事件或某个突发性热点问题（突出现象），教育案例的事件定性分析与归因分析同样需要深入揭示其本质属性及关键原因。

## 二、教育过程

教育过程是根据一定的理论、思路，对问题的解决实施干预，并展现解决问题的细致过程，属于纠正方案、治疗的过程；要遵循以下三个要求。第一，明确教育思路、策略确定的分析过程。教育过程即采取的措施、方法必须有一定理论依据，每一步思路都非常清晰，符合教育规律和先进的教育理念。第二，体现出教师在学生教育转变或事件解决中的作用，教育方法、教育过程有创意、见实效，体现教育工作的复杂性和教师的水平。第三，对每一阶段的教育措施、教育过程的表述要具体、清楚，有相对完整的情节甚至有戏剧性矛盾变化。教育过程应突出某个有效的关键教育措施（促进教育对象成功向好的方面转变的对话、交流或教育行动）。

## 三、教育效果

通过数据、话语、表现等材料，对教育对象前后情况作对比性分析，展示教育效果。成功的德育过程是学生思想、道德、情感、价值观自主内化的过程，并且付诸行动；教育过程必须具有这一特点。如果是主题班会式的个案研究教育案例，可以描述活动过程，下面还可以列目，还要做到准备充分、材料经典、过程自主、形式生动、内容深刻、情景感人，积极发挥教师、学生、家长等教育因素的作用，达到触动学生心灵的教育目标，解决好所针对的问题。

## 四、教育反思

教育反思即案例反思，是对个案情况、原因、类型及教育研究过程、手段作概括性、学术性（理性）分析，对教育效果作明确、科学（理性）的评估，指出教育活动有哪些特点和创新性，得出工作经验、原则、教训（理论思考和对实践活动的反思），提出建议。

一个能够提供借鉴的教育案例，既可能是教育实践活动中的成功事例，也可能是教育实践活动中遭遇失败的案例。前者可以提供经验，后者可以提供教训，都具有借鉴意义。教育反思的内容要与个案密切相关，不要无限延伸与教育个案无关或关联很少的经验和教训。如果教育方法、教育过程、教育效果很难分开叙述，或者教育效果部分内容非常有限，可以以时间为线索一并撰写，其大纲可定为“教育过程”。当个案问题（事件情形）、教育方法、教育过程、教育效果很难分开描述时，可以将个案研究教育案例结构简化为“案例”和“反思”两大板块。“案例”部分含学生问题或事件情形、定性分析和归因分析、教育方法、教育过程、教育效果等描述；“反思”部分含对教育案例特点的自评、总结、教育中获得的经验与教训、建议等。一般来说，“反思”部分不宜太长。如果不需要统一体例，也可以像写作文一样写教育案例。对此我们倾向于分三个大纲，即“案例背景”“教育过程”和“案例反思”三部分。有些案例可能选择四个或两个大纲更合适。作为个案研究教育案例，不管有没有大纲、多少个大纲，个案情况、定性分析及归因分析、教育过程、教育方法、教育效果、教育反思都是必须要有的部分。

# 第四节　个案研究案例分析

本节以“小学生心理问题干预的个案研究”为例，对个案研究的步骤、方法在实践教育、教学中的运用进行简短阐述与分析。

### 小学生心理问题干预的个案研究[①]

#### 一、研究的目的、意义及方法

（一）研究的目的及意义

根据2005年中国青少年研究中心的调查报告，我国3.4亿的18岁以下青少年中，约有3000万人受到各种情绪障碍和行为问题的困扰。关注儿童心理健康已经成为社会焦点问题。现在不少学生的心理都存在着这样或者那样的问题，而且由于多方面的原因，他们心理上的问题比以前学生的都要复杂。学困生缺乏自信心、自卑感强、厌学情绪较重、对待事物冷漠、思想不集中、不善于沟通、自私、胆小等，导致其失去学习的兴趣，影响心理的正常发展。本人

① 刘毅. 小学生心理问题干预的个案研究[J]. 新课程（综合版），2019（7）：309.

选择学困生的某个典型案例进行研究。通过观察，选定宋××作为研究对象。

（二）研究的方法

采用个案研究法、访谈法。

个案研究法是对某个个体进行连续调查，进而研究变化规律。访谈法是通过面对面地交谈来了解受访人的心理和行为。

**二、个案的日常表现及造成其心理问题因素的分析**

研究对象：宋××（化名），十二岁，天津市静海区子牙镇子牙小学六年级学生。

通过和宋××的几次接触，我发现宋××性格偏内向，经常完不成作业、谎话连篇，作业即使完成了，也是勉强应付，一塌糊涂。由于经常被老师批评，宋××很怕老师，还有同学们的冷嘲热讽，使宋××丧失了自信心。

宋××的父母文化程度不高，平时工作很忙，没有精力过问孩子的生活，尽管对孩子的期望很高，但不知道如何教育孩子。若把考试成绩作为评判宋××学习好坏的唯一标准，会忽略宋××心理的发展。

**三、对个案的辅导策略、过程及效果**

（一）对个案的辅导策略

通过观察以及了解，我认为宋××存在很多心理问题：自信心不足、自责倾向严重、焦虑、沮丧、自尊心不强，这些问题来源于家庭、老师、同学、自我等多方面，于是我对宋××采取了相应的辅导，主要包括以下几个方面。

1. 得到家长的配合

对此我专门做了家访，与宋××的家长商量，在家多注意宋××的学习，不要一味地追求成绩，注重学习兴趣的培养，及时对宋××取得的成绩给予肯定和表扬。

2. 获得教师的配合

调查之后我和其他任课老师进行了一次谈话，希望通过谈话改变任课老师对他的看法，最终得到老师的支持。对宋××的不良行为动之以情、晓之以理，对宋××好的行为以及点滴进步及时给予表扬，培养宋××的自尊心和自信心。

3. 消除同学的排斥心理

我先召开班委会，在班委会上提出关注宋××同学的建议，得到班委成员的支持；然后由班委组成小组帮助宋××，消除同学们对宋××的抵触心理。宋××感受到了集体的温暖。

（二）对个案的辅导过程及效果

通过对宋××的观察和谈话，我从几个不同的方面进行辅导。

1. 与宋××建立良好的关系

通过多次与宋××谈心，给他辅导作业，他的话渐渐地多了起来，最后变成心里有什么话都跟我倾诉。

2. 与宋××进行心理交流

从谈爱好到谈理想，我告诉他学习目标就是他未来的发展方向和动力。宋××为自己制定了学习目标。我又和宋××一起设计了许多分目标，让宋××分阶段完成，并且定期检查他的完成情况。

3. 培养宋××的学习兴趣

（1）多鼓励，激发学习兴趣。

在日常教学工作中，我鼓励他多提善问。当他提出问题时候，给予肯定和表扬，耐心、热情地引导他分析问题、解决问题；让他从微小的成功中体会自己同样很有能力，激发他的学习兴趣。

（2）抓住时机，给宋××表现的机会。

从简单的问题入手，每堂课都让他参与讨论，慢慢地他在老师和同学面前表现得越来越好。我抓住有利时机，让他回答一些简单的问题，让其他同学及时鼓励、称赞他。久而久之，他对学习有了一定的兴趣。我又开始对他提高要求，及时用准确而又富有激励性的语言鼓励他，他对学习的兴趣更浓了，劲头也更足了。

（三）反思

看到宋××的转变，我更加坚定了心理辅导对学生成长的作用。在心理辅导过程时，老师和家长应该注意以下几点。

1. 激励学生

好孩子是夸出来的，在教学中，老师不要急于传授知识，多抓住孩子的闪光点夸赞，帮助孩子树立自信心。

2. 创设良好的学习环境

把握好教育孩子的尺度，尺度大了就变成了压力，尺度小了就不起作用。保证学生在轻松的氛围下学习，给学生创设一个愉快的学习环境。这样有利于促进师生之间的沟通，从而提高学生的知识吸收率。

3. 保持良好的沟通

学生、家长和老师之间要及时做好沟通，家长和老师在第一时间了解学生的思想动向，把学生的不良想法通过引导、教育等方法消灭在萌芽期。

现在许多学生“困”的原因并非智力因素影响，而是心理因素的影响。转化学困生需要一个过程，要遵循因材施教的原则，进行反复、耐心的教育；还需要学校、家庭和社会的密切配合，共同形成一体化的教育网络，获得良好的教育效果。

从以上案例可以看出，研究者依据个案研究的步骤，确定个案、收集个案资料、对个案进行矫正与发展指导，对该研究对象的心理发展现状和造成心理问题的原因及采取的改进措施进行了全面而细致的分析。在整个过程中综合运用了追因法、临床谈话法和教育会诊法等研究方法。

案例中，研究者在日常的工作中观察研究对象，发现该研究对象有自信心不足、自责、焦虑、沮丧、自尊心不强等心理问题。通过追因的方式对其出现这些问题的原因进行剖析，包括对研究对象的家庭情况、任课教师和其他学生对研究对象的态度，总结出研究对象出现心理问题的原因主要包括家长对其缺少关心、教师经常批评、同学冷嘲热讽等。研究者根据具体的成因采取了相应的改进措施。在这个过程中，研究者采用教育会诊的形式，通过与任课教师讨论，对研究对象的心理、行为进行综合分析及诊断，与研究对象进行访谈、交流，对其进行心理辅导，并对辅导效果进行总结梳理。最后，通过对研究结果的反思，研究者对个案研究中出现的问题提出了合理的建议。

整个研究过程完整且清晰，依据个案研究的步骤逐步展开相关计划，非常值得一线教育工作者参考和借鉴。

## 思考题

1. 如何理解个案研究？

2. 个案研究有哪些类型？

3. 如何理解个案研究的作用？

4. 个案研究的步骤有哪些？

5. 个案研究通常采用哪些方法？

6. 选择一个个案，进行个案研究，并撰写个案研究报告。

# 第十章　教育叙事研究[1]

作为一种中小学教育研究方法，教育叙事研究（Narrative Inquiry in Education）属于质的研究方法。教育叙事研究鼓励当事人“发出自己的声音”，讲述自己看到的或亲身经历的教育事件。本章关注的问题是：教育叙事研究是什么？为什么要倡导教育叙事研究？如何做教育叙事研究？

## 第一节　教育叙事研究概述

教育叙事研究源自文学研究领域的叙事研究。文学研究领域的叙事研究主要关注小说或电影等叙事文本的主题及结构。教育叙事研究关注教育叙事文本的主题和结构，但不限于叙事文本分析，而更重视通过调查研究或历史研究、行动研究的方式收集和分析教育事件。

① 刘良华教授为本章的撰写提供了大量资料，谨此致谢。

## 一、教育叙事研究的由来

叙事研究有悠久的历史。教育调查研究报告、历史研究报告以及教育经验总结历来重视教育事件及其讲述的方法。早期的教育调查研究报告、历史研究报告以及教育经验总结几乎都呈现为教育叙事研究。教育叙事研究虽然也重视教育道理，但更重视微小的教育事件，通过某个或某些微小的教育事件来讲述相关的教育道理。因此，教育叙事研究也被视为“微型叙事”或“微小叙事”。

教育叙事研究的“对手”最初只是思辨研究。思辨研究虽然也可提供相关的“论据”，但更重视大道理的论证。因此，思辨研究也被称为“宏大叙事”。随着量化实证研究的兴起，宏大叙事不仅包括思辨研究，也包含了量化实证研究。量化实证研究报告因其强调用数据说话及其规范格式而被视为“宏大叙事”中的典型样式。

这样看来，教育叙事研究与其说是一种新的教育研究方法，不如说是对教育研究传统的回归。华东师范大学丁钢从1999年开始酝酿教育叙事试验，并为此筹划《中国教育：研究与评论》，在2001年和2002年，连续三期讨论叙事研究以及相关内容的文章。许美德的《现代中国的精神：知名教育家的生活故事》，耿娟娟的《教育信念：一位初中女教师的叙事研究》，黄向阳的《学校春秋：一位小学校长的笔记》，丁钢的《教育叙述何以可能？》等，研究报告以及相关的讨论成为教育叙事研究领域的基本文献。

从2003年开始，教育叙事研究逐步受到广泛关注。众多学者在理论构建和实践操作等方面展开讨论。有关教育叙事研究的文章在多个教育期刊竞相发表，研究者更多地将教育叙事研究视角定位于中小学教师的专业发展。《中国教育报》刊载教育叙事研究文章，起到了宣传推广和推进落实的作用。

丁钢在《教育研究》2004年第2期发表《教育与日常实践》，深入探讨“我们需要以更大的热情关注日常教育实践的活动策略（及其）与规范体系之间所形成的张力”，进而探讨这种张力“是否会趋向一种积极（良性）的自我建构”。也就是说，日常教育实践在何种情形下才可能“会趋向积极的自我建构”，其具体表现是什么？这些问题都指向了教育叙事研究的基本内涵。

伴随着新一轮基础教育课程改革，教育叙事研究与校本行动研究、校本教学研究融合，成为中小学教师参与校本研究、改进教育实践的重要方式。刘良华在《校本行动研究》和《校本教学研究》两本书中明确提出“叙事的行动研究”，倡导行动研究的叙事取向。教育叙事研究不仅是一种写作方式，更是一种行动方式。没有实践改进，就难以有可叙述的“教育故事”和“教学事件”。

近20年来，教育叙事研究成为中小学教师专业化发展的有效路径，承载着众多中小学教师的教育情怀和教育理想，教育叙事研究推进中小学教师成为研究者和反思性实践者。

## 二、教育叙事研究的特点

典型的教育叙事是“讲故事”，叙事研究也可称为“故事研究”。教育叙事研究是通过对有意义的教学事件、教师生活故事描述分析，发掘或揭示内隐于教学事件、教育生活和行为背后的理论意义及本土化教育智慧，其特点如下。

## （一）注重讲述真实的教育故事

注重讲述真实的教育故事是教育叙事研究的内容特点。教育叙事研究的重点聚焦于中小学教师成长和教育实践，鼓励中小学教师成为研究者，在叙述中反思，在反思中改进，讲述自己的教育故事。

教育叙事研究以中小学教师的生活故事和教育故事为研究对象，多是已经发生过的教育事件。中小学教师是教育故事的创生者和讲述者（或讲述参与者）。这里的教育叙事研究，讲述的教育故事都是真实的、有迹可循的。这些教育故事可以自己讲述，也可以由他人讲述。

讲述真实的教育故事属于科学化的教育叙事。主要包括调查的教育叙事研究、行动的教育叙事研究和艺术的教育叙事研究。[①]教育叙事研究可以与问卷、访谈、观察、历史调查等研究方法相结合，在研究资料收集和研究报告撰写中融入叙事研究风格，深描“关键事件”和“有情节”的教育故事。

教育叙事研究与行动研究相结合构成了行动的叙事研究，也称“叙事的行动研究”或“反思的行动研究”。

教育叙事研究是一种实证研究，而不是理论研究。实证研究要求“让事实说话”，是“实然”状态的描述研究，而不是应该如何。教育叙事研究重点描述教师日常生活、课堂教学、教育实践中已经发生或正在发生的事件。它是真实的，情境性的，丰富的，也

① 刘良华. 叙事教育学[M]. 上海：华东师范大学出版社，2011：197-298.

是日常的。

近20年，中小学教育实践也主动运用教育叙事研究方法作为教师校本培训和专业发展的重要手段。讲述和倾听中小学教师的“教育故事”“教学故事”“管理故事”成为热点。相应地，中小学教师讲述自己的教育故事和教育叙事的相关成果大量涌现。如福建教育出版社出版的“新教育文库·我的教育故事”丛书、华东师范大学出版社出版的“大夏书系·教育随笔”丛书。

与此同时，网络技术赋予教育叙事研究更大的发展空间，让教师发表研究与分享交流更加便利。教育叙事研究与教育博客、社交软件、公众号等新媒体、新平台相结合，有助于中小学教师讲述教育故事和生成个体化智慧。

### （二）注重理论构建与教育学解读

教育叙事研究不仅强调讲述有情节的故事，更要内蕴或显现教育的道理。“每一个故事都由一个事件和一个道理构成，故事是叙事的核心，而道理是故事的核心。”①

中小学教师面向自己的日常生活和教育实践，从中发现或创生值得讲述的教育故事。但是，教育故事不能为讲述而讲述，教育叙事研究需要教育理论的关照和教育学解读的视角。讲述的同时主动寻求教育故事背后的意义和内蕴的道理，这样的教育叙事研究才能称得上“研究”。

教育叙事研究是质化研究的思维方式和写作方式，与量化研究

① 刘良华. 叙事教育学[M]. 上海：华东师范大学出版社，2011：3.

不同，通过丰富的情境化教育故事，把隐含其中的教育理念和教育道理恰当地显露出来，“有情节的故事”要寓于内蕴的“结构”之中。质化研究也常常采用“叙事”的方式描述事件并撰写研究报告。质的研究报告特点之一就是“深描”，强调整体性、情境化、动态，将研究素材原汁原味呈现。教育叙事研究重视教育事件的丰富性、形象性和复杂性“深描”，这种“深描”使叙事显得真实、可信而富有“情趣”。

关注教育叙事研究的意义在于提醒研究者“面向实事本身”或从实事本身中寻找内在的“结构”，而不过多地用外来框架有意、无意地歪曲实事或滥用实事。[①]

教育叙事研究的讲述与解读存在两种路径。一种是讲述中小学（教师）生成的真实教育事件或教育现象，探寻教育事件或教育现象背后的“结构”和内蕴的“理论”；另一种是讲述艺术化的教育故事，包括真实的教育自传（或自传体小说）或教育传记（或传记体小说），或虚构的文学化作品，如宗教故事、神话故事、寓言故事、童话故事、小说等。在讲述或重述中植入教育学解读，提升教师的教育思考和文化自觉。

艺术化或文学化的教育故事在现代生活中一直延续，本身具有深刻的教育意义，不论是真实的还是虚构的，都值得研究。中小学教师阅读、讲述或站在教育学立场的重述，既让教育道理易于理解，过程又充满乐趣和智慧。让·雅克·卢梭的《爱弥儿》、弗朗索瓦·拉伯雷的《巨人传》、约翰·亨里希·裴斯泰洛齐的《林哈

① 刘良华. 论教育“叙事研究”[J]. 现代教育论丛，2002（4）：52-55.

德和葛笃德如何教育他的子女》等虚构的叙事作品是比较典型的教育叙事。这些教育叙事通过塑造生动形象的教育者和受教育者，将理想的教育理念和教育实践传递出来。流传广泛的宗教故事、神话故事、童话故事、寓言故事等也可以视为一种教育隐喻或民间教育学。

### （三）注重教师反思与生命关怀

教育叙事研究是培养反思型教师和提高教师专业化发展的一种有效途径。教育叙事研究提倡中小学教师撰写“教学日志”“教后记”“教学案例”“教育随笔”等，让教师写作与反思成为常态，融入日常教学实践，这对培养和提高教师教学反思能力有显著的效果。

叙事本身就是一种反思，是在回顾、重述中思考。教师成为反思性实践者是教育叙事研究的基本追求。中小学教师学会反思，能够对日常教育实践进行自我诊断、自我改进，并学会分析和解决教育实践问题；在实践改进中讲述，在讲述中反思，在反思中重建教育理念，生成教育智慧。教育叙事研究更多的是一种写作方式的改变，但是，“叙事”的前提是“做事”。教育叙事研究倾听教师的声音，关注教师个体生命和个体经验的意义。

## 三、教育叙事研究的内涵辨析

随着教育叙事研究的推广和深化，研究者关于教育叙事研究是什么，“叙述”“故事”何以称得上“研究”等内涵辨析和基本理论问题展开讨论。2006—2008年间，这些问题得到较广泛的讨论，代表性文献主要有张希希的《教育叙事研究是什么》、王枬的《教育叙事研究的兴起、推广及争辩》、刘良华的《教育叙事研究：是什么与怎么做》、蔡春的《“叙述”“故事”何以称得上“研究”——论教育叙事研究的基本理论问题》、鲍道宏的《教育叙事研究：批判与反思》、王枬及叶莉洁的《基于实践性知识的教师博客研究》等。

### （一）教育叙事研究是对他人生活史的研究[①]

教育叙事研究是在教育背景中包含任何类型叙事素材的分析研究。它借由影片、传记、图片、对话等刺激，触发当事人进行故事叙说，并以当事人的叙说内容为文本数据进行分析，以期反映出故事叙说者本身的重要生活经历及生命主题。作为一种独特的质的研究形式，教育叙事研究的一个本质特点是“关注个人”。它通过搜集故事来建构田野文本数据，报告个人生活经历，并探讨这些经历对特定个人的意义。研究参与者故事的重新叙说是教育叙事研究所特有的质的分析程序。

### （二）教育叙事研究强调本土化教育理论的创生

教育叙事研究通过叙述教育当事人的故事来寻找本土概念，发展本土案例，进行充满本土文化意蕴的解释，创造本土化的教育理论。[②]教育叙事研究从故事本身寻找内在的“结构”。教育的经验

---

① 张希希.教育叙事研究是什么[J].教育研究，2006，27（2）：54-59.

② 蔡春.“叙述”“故事”何以称得上“研究”：论教育叙事研究的基本理论问题[J].首都师范大学学报（社会科学版），2008（4）：125-130.

叙述不能停留在“故事”本身，故事的“结构”就是一种扎根理论。教育叙事指向的不是“故事”，而是“意义”及其理解。任何叙事都希望传递出某种意义。

## （三）教育叙事研究是“研究”不是“叙事”

教育叙事不等同于教育叙事研究，经验的表达方式不能代替理论的表达方式。教育叙事研究必须加强自身方法的建设和学术规范训练。唯其如此，教育叙事研究才能真正发挥意义诠释的独特作用。

叙事和叙事研究有区别。前者是一种纯粹的讲述故事，比如，小说只讲故事，作者几乎不站出来说话。后者是研究者对故事的研究，是研究者自己在说话。

教育叙事研究需要理论、概念。[①]“教育故事”的选择受理论、概念支配（无论意识到与否）；“教育故事”展示的也是理论、概念。如要对“教育故事”进行解说、分析、总结，离不开理论、概念。

教育叙事研究不仅强调叙述故事，还要寻求叙事结构和教育道理，遵从一定的研究规范。叙事过程本身是一种反思、认同和获得意义的过程，它关注教育现场和教师真实的生活体验，重视叙事者的个人生活史和个人教育实践，强调对故事细节进行整体性的、情境化的、动态的描述，更看重故事的“结构”和“理论”。

① 孙振东，陈荟. 对我国教育叙事研究的审思[J]. 教育学报，2009，5（3）：3-8.

# 第二节　教育叙事研究的过程与操作

教育叙事研究以质的研究为方法论基础，是质的研究的具体运用，可以与访谈法、观察法、文本分析、行动研究等结合；其基本路径是“以叙事方式收集资料—解释资料—形成扎根理论”。

## 一、叙事者身份及其叙事框架

教育叙事研究的过程因其研究者、研究方式和研究重点不同，显示的研究类型和研究过程也不同。教师的身份认同不同——教师是研究者、讲述者还是解释者，教育叙事研究过程也不同。

### （一）教师作为研究者和讲述者

教师同时作为研究者和讲述者，研究自己的教育实践或解决教育问题，将教育实践研究过程进行讲述；这种教育叙事研究被称为“叙事的行动研究”或“教育的叙事研究”。研究过程强调教师成为研究者，在教育实践改进中讲述自己的教育故事。在研究过程中，教师可以独立探索，也可以有理论专家从旁指导；追求以叙事的方式反思并改进日常生活。

“教育的叙事研究”强调中小学教师要有真实的改进行动，以行动研究为基础，行动后叙事。中小学校本培训、校本教研、教师专业发展都倡导教育叙事研究，这正是教师对研究者和讲述者身份的认同，身份激发了教师的专业自觉，在很大程度上促进了教师进行实践改进、反思和写作。

“教育的叙事研究”的框架如下。

第一，问题的提出。为什么选择这个问题进行研究，思考的依据和理由是什么，假设是什么。

第二，实施的过程与方法。采用了哪些方法，经历了哪些过程与阶段，每个阶段重点做了什么，有哪些典型的教育事件。

第三，实施的成效与反思。产生的隐性效果与显性效果有哪些，存在问题的反思及进一步改进建议有哪些。

## （二）教师只是讲述者

研究中，教师只是讲述者，同时作为其他研究者的研究对象。这种教育叙事研究选取中小学教师为观察和访谈对象，收集教师的“口述史”或教师的叙事文本为研究资料，被称为“叙事的调查研究”，其研究过程遵从质的研究规范。

研究者更关注教师所叙述的教育事件之间的关联、教师专业发展个案的意义，寻找教师讲述教育故事的理论框架或意义，促进教育理论和教育实践之间的互动。

这里的研究者多是教育理论研究者。当教师作为研究者，以他人为研究对象时，这种教育叙事研究也可以促使教师成为研究者。例如，教师可以以学生、家长或其他教师为研究对象。当中小学教师需要撰写学位论文时，也可以做教育叙事研究。

以研究者身份进行的教育叙事研究，所采用的基本操作步骤如下。[①]

首先，发现一个值得探究的有内隐教育问题的教育现象。与所有研究计划类似，教育叙事研究的过程始于聚焦一个值得探究的有内隐教育问题的教育现象。尽管教育叙事研究感兴趣的现象是故事，但故事本身必须包含某一需要关注和探究的问题。

其次，有目的地选取一个或几个作为研究参与者的个体，透过个体去认识拟研究的教育现象。研究者需要有目的地寻找作为研究参与者的个体。研究参与者可能是一个或几个经历了某一特定问题的典型人物，抑或是一个或几个经历了某一特定境遇的关键人物。

然后，从所选取的研究参与者身上搜集故事。搜集能够提供个体经历故事的田野文本数据。搜集故事的较好方式是通过私人对话或访谈，研究参与者的经历。田野文本数据也可通过下列途径搜集：一是研究参与者用日记的方式记录其故事，二是观察研究参与者记录的田野笔记，三是搜集研究参与者写给他人的信件，四是从其家人处搜集研究参与者的故事，五是搜集研究参与者的备忘录和业务函件，六是搜集照片、纪念品和其他个人、家庭或社会物品，七是录下研究参与者的生活经历。

最后，重新讲述研究参与者的故事。田野文本数据搜集任务结束后，研究者紧接着需要开展一项工作：系统分析和讨论内含研究参与者经历故事的田野文本数据，并重新讲述研究参与者的故事。这一过程包括检查原始数据，编码故事，重新组织故事和呈现一个经过重新讲述的研究参与者经历的故事。该过程的理论假设为

① 张希希．教育叙事研究是什么[J]．教育研究，2006，27（2）：54-59.

“按一定逻辑顺序组织后，研究参与者讲述的故事可以被更好地理解”。研究者要从原始田野文本数据中发现叙事因素，分析这些叙事因素是以什么样的逻辑结构被组织在一起的。

### （三）教师作为讲述者和解释者

叙事广泛存在于文学艺术作品和历史文献中。教师既可以借鉴其写作方式，以叙事风格撰写教育自传或教师成长档案；还可以讲述文学作品、电影、电视、戏剧等，成为其教育意义的建构者和解释者，开拓教育视野，提升反思意识和理论修养。

每个作品或故事可能都有“主题先行”的痕迹，作者把自己要揭示的主题或理论还原为生动具体的角色，通过故事突显主题或理论。教师作为讲述者和解释者，其学习与思考是一种带着“偏见”（或可称其为“前见”或“阅读假设”）的阅读。

如果教师阅读时没有任何想法或偏见，一味地接受，是不利于教师成为解释者和建构者的。教师可以先阅读“他人的解读”，但是他人的解读并不能代替对原作本身的阅读，教师要用自己的阅读假设或偏见探寻文本原本的意义，尽可能用自己的主见、前见或偏见去“同化”阅读的文本，不可轻易放弃自己的假设或视角。这种阅读方式会让教师变得更积极主动，思考更有深度。

例如，《窗边的小豆豆》这本书巧妙地将宏大的教育道理穿插在细小而真实的教育事件中。如果中小学教师在阅读时，能够结合讲述和解读，并撰写有主题的教育随笔或教育日志，把内蕴的教育道理显露出来，通过感人的教育小故事深切体会书中人物的教育理念与教育智慧，更有利于促进自身反思和专业成长。

## 二、教育叙事研究的叙事技巧

叙事普遍存在于文学艺术作品和人们的日常生活中，要想讲好“教育故事”，主要要做到以下三点。第一，重视教育事件的丰富性、形象性和复杂性，保持教育叙事的“深度描写”。第二，确认关键事件，挖掘“本土概念”，将收集的资料理出头绪。第三，将“本土概念”还原为“本土故事”，形成扎根理论并“深度解读”。

### （一）“深度描写”关键事件

一个好的故事总是明示或暗示了某种冲突。这种冲突可能是观念上的，也可能是实践上的，中小学教师面对的教育冲突更可能是二者兼而有之。基于真实的教育实践，教师要面对各种教育实践问题，不断地解决问题；有些问题凭经验或惯例就可以解决，有些问题凭威权或压制可以解决，但是有些教育的问题凭经验、惯例等都不能解决，又不能被忽略，这需要教师不断思考、调整、改进。一个问题的解决可能又带来新问题。问题解决的过程就是教师面对冲突和矛盾的过程，在既有经验受到挑战时不断寻求理论支持、同伴互助和自我实践探索的过程；这就是一个很好的关键事件。这种冲突越深刻、越不可调和，冲突解决之后的相关故事讲述就越动听、越有反思的意义。如果教师从来没有感受到任何教育事件和教育冲突的发生，就讲不出任何教育故事。

每个“教育叙事”包含一个或几个教育事件，要发生某种“教育冲突”，教育叙事总是从一种平衡状态开始，被某个教育冲突或教育事件打破；最终冲突解决，回到新的平衡状态。

教师要学会识别教育冲突。矛盾冲突的存在及其解决构成了丰富多样的教育生活，有些教育冲突是显性的、看得见的，有些教育冲突是隐性的、看不见的。教师要具有教育的眼光，形成自己的教育理解，透过现象看本质，对教育实践有自己的理解和判断。识别出某些教育冲突，并能够对其背后的教育本质进行教育学解读。这种包含教育冲突的事件就构成了值得“深度描写”的关键事件。

记录关键事件可以按照记叙文六要素展开，即时间、地点、人物、起因、经过、结果，也可以借鉴人力资源理论的STAR法则（Situation——情境，事件发生的情境是怎样的；Target——目标，如何明确目标；Action——行动，采取了什么行动；Result——结果，获得了什么结果）。

总之，一个好的教育故事，要有主题、有情节，有人物、有行动，要交代结果；采用夹叙夹议的方式，将某个教育道理巧妙地隐藏在叙述中。

关键事件的“深度描写”，也可称为“用钢笔录像”，给人身临其境之感，但不是简单地复制，讲述者带领读者一起感悟教育实践及其背后的教育道理。这种“深度描写”并不意味着描写词语丰富或文采风扬，而在于其“深度”，在于教育故事的真实、生动，内蕴教育道理。

### （二）挖掘“本土概念”

对教育叙事所隐含的教育道理或教育理论进行剖析与解读，这是教育叙事研究是否算作研究的关键所在。只有故事情节或片段的堆积、教育生活的流水账记录不能叫作“研究”。教师讲述自己的教育故事时，也可能有疑问，例如“我这样讲述的研究价值有多大？”“如何提炼成较高层次的研究成果？”“如何在教育叙事研究中提升教育智慧、促进自我专业发展？”等。

教育叙事研究强调对故事的研究，要有研究者的立场。中小学教师进行教育叙事研究时，既是研究者又是讲述者，要注重挖掘“本土概念”；这是教师真实的、独特的教育实践经验和个人化智慧。

出色的教育叙事研究者总能在倾听教师讲述的教育故事中找到“本土概念”，并作为关键词，构建自己的教育叙事研究结构。

“本土概念”指教师自己使用的、独特的词语或概念，与普遍使用的理论术语不同；即使是同样的词语或概念，在具体的叙事情境中，教师对其内涵的理解或情感色彩也不同。“本土概念”保持了教育叙事的原本面貌，教育叙事研究不需要过度的诠释和概括。

教育叙事研究遵循自下而上的归纳逻辑。“本土概念”顾名思义，就是植根于教师自己话语系统和日常生活经历中的概念，当教师频繁使用某个词语，或隐含了某种冲突或关键事件时，就可以直接用这个词语作为“本土概念”，描述和讲述教育实践经验和教育事件，这样有助于教师把内隐于教育事件背后的教育意义显露出来。

在质的研究中，“本土概念”常常作为一级编码，是最接近原始资料的类属分析单位。将多个“本土概念”归类形成二级编码，由二级编码再归类概括形成核心类属，这就是三级编码。从一级编码到三级编码，自下而上地归类概括，三级编码的概括性最强。

“本土概念”的理论意义经过层层归类和编码，系统性得以呈现。

教师在讲述教育故事的过程中，要注重挖掘“本土概念”，以“本土概念”为线索，在归类概括的过程中探寻教育故事的理论意义。

### （三）形成扎根理论

对资料进行逐级编码是扎根理论形成的重要过程，逐级编码是基于原始资料，又逐步超越资料的归类概括、理论提升过程。

“扎根理论”是扎根原始资料，在资料的收集分析过程中逐步形成和显露出来的一种自下而上建立理论的方法。扎根理论强调从资料中生成理论，透过系统收集和分析资料的研究历程后，从资料中衍生出来。在此方法中，资料的收集、分析与最终形成的理论，具有密切的关系。①

扎根理论的论证过程离不开原始资料的支撑，教育叙事研究重视日常教育实践和教师个人化经验的价值，鼓励教师发出自己的声音，讲述自己的教育故事，强调对关键事件进行整体的、情境化的、动态的描述；同时看重教育故事蕴含的“结构”，从“本土概念”中生成扎根理论。如此，将扎根理论与教育叙事研究紧密结合。教师讲述教育故事的过程就是一个编码过程的翻转，将扎根理论逐步具体化，还原为“本土概念”和情境化的教育故事，并在讲述教育故事的过程中对教育故事进行“深度解读”，显露扎根理论。

① 温忠麟．教育研究方法基础[M]．北京：高等教育出版社，2009：215.

# 第三节　教育叙事研究的开展及其评价

教育叙事研究为中小学教师提供了一种全新的话语系统，让教师可以换一种方式说话，帮助中小学教师做到有效反思，让基于实践反思的写作成为可能。教育叙事研究将教师从被动执行者转变为主动的参与者和研究者，释放了每一个教师的科研热情，让教师关注个体教育经验的价值，促进教师专业化发展。

教育叙事研究可以与访谈法、观察法、个案研究法、行动研究法等研究方法相结合，在收集分析资料和撰写研究报告时使用，以关键事件和故事讲述凸显教育研究的独特性、丰富性和情境化。

教育叙事研究作为一种独立的教育研究方法，是教师自我反思和自主学习的主要方法，是促进中小学教师专业化发展的有效路径。

## 一、教育叙事研究的典型叙事方式

教育叙事研究可以融入教师的日常阅读、反思与写作，以教育自传、反思日记和阅读日志等典型叙事方式展开。

### （一）教育自传

教育自传也称“自传叙事”，教育自传最能够显示教育叙事精神。完成教育自传主要有三个步骤：一是收集和整理传记事实，二是撰写自传，三是重写自传或研究自传。①

中小学教师的自传叙事类文本多以第一人称出现，也有第三人称，如名师名校长风采、教师个人成长档案等。

教师撰写教育自传时，可以通过回忆或查阅日志、信件、档案及相关的报纸刊物等资料获得足够的经验事实，回顾自己的生活、求学和工作经历，突出成长过程的关键阶段、关键事件以及影响个人成长的重要人物等。例如，教师可以采用“年谱”的形式整理一份“个人成长大事记”。教师个人成长历程的叙说是自我反思和自我发现的过程。教师根据撰写目的和主题进行选择与取舍，精选亲身经历的关键事件；如一个人对自我求学经历的叙述，有助于解读其生活信念或教育理念。

当教师完成自编年谱或个人成长大事记后，就可以着手撰写教育自传。教师需要从众多成长故事和生活事件中寻找“成长线索”，确认关键事件，完整叙述关键事件要素以及影响个人成长的重要人物和时代精神。

在撰写自传时，教师需要进一步思考“我为什么选择该事件作为个人成长历程的关键事件？”“该事件对个人成长的影响是积极的、成功的，还是遗憾的、负面的？”。有时候，遗憾的、失败的事能带给教师更深的触动，促使其更快地成长，使其内心变得更加强大。回忆与反思使“教育自传”与一般意义上的“回忆录”不同，教育自传不是指向“回忆”，而是指向“未来”与“启迪”。

教师还可以研究和阅读他人的教育自传，将他人自传作为研究

① 刘良华．教育研究方法[M]．上海：华东师范大学出版社，2014：105.

文本，从他人自传中寻找教育的意义和专业成长的启示。例如，中小学教师通过研究和阅读众多名师成长档案、名师风采录，借鉴名师经验，收获教育智慧。

不论是教师撰写自传，还是研读他人自传，都是一种自我反思和自我唤醒的过程。教育自传所讲述的个人生活史和关键事件可以让教师看到更真实完整的、令人深思的教育案例。

### （二）反思日记

反思日记是最常见的写作反思方式，也是教师讲述教育故事的主要载体。教师可以主要围绕课堂教学、学生管理和学校德育等工作撰写反思日记。根据叙事内容的不同，反思日记可以分为“教学叙事”“管理叙事”“德育叙事”等；根据叙事者的不同，可以分为“做后记”“教后记”“观后记”等。

以“教学反思”为例，反思的起点是回顾教学事件。教师反思意味着教师察觉自己的教学中发生了某些教学事件，若没有教学事件，也就没有反思的意义，教师的反思也无从入手。很多教师缺乏教学事件意识，每天做重复的事也削弱了反思的能力。教师相互听课、评课作为一种校本教研方式，它可以实现教师之间的同伴互助和相互启发。教师也可以借助教育技术进行教学录像，在“回看”和反复重现的过程中反思。

将某些看起来比较微小的教学事件暂停、复现，往往能够看出“大问题”。教育叙事研究关注的是“小故事、大道理”。教师反思日记的撰写在一定程度上可以称为“用钢笔录像”或者“用键盘录像”。教师首先要回忆教学过程中发生了哪些教学事件，并对该教学事件进行反思，可以用类似“我当时想……”“我当时的做法是……”“现在回想起来，应该……，不应该……”“如果再上课，我要做相应的调整，要做到……”等语句。

教师听课、评课中，如果没有针对真实的教学事件进行反思与重构，教学反思就较为空洞。所谓反思，是指“反思事件”或者“事件反思”。

教师撰写反思日记就是在讲述教学事件，对关键细节进行“深度描写”，再现当时的教育情境，给人以身临其境之感。

反思教学离不开反思与重建。教师在描述教学事件的基础上，重点反思如何寻找“更好的办法”，如何更好地解决问题，并作归因分析。教师在讲述的过程中要不断问自己“还有没有更好的办法”“为什么会出现这样的教学事件”“我和学生应该做什么样的改变，我们能做到什么”，等等。反思中的“再实践”与“再调整”非常重要，如果自我反思找不到解决办法，就要借助同伴互助和专家引领。

教师撰写反思日记的过程是一个困惑与难题不断生成、不断得以解决的过程。实际上，实现这种自我反思和自我提升，更多地源自“教师学习”的积累与体验，保持阅读和思考能让教师发现事件，提供寻找办法的思路。

### （三）阅读日志

撰写阅读日志或教育随笔离不开阅读。只有保持阅读和学习习惯，才有可能真正进入反思或研究的状态。要成为反思型教师，不仅要有所做、有所思，更要有所学、有所录，将做后感、读后感、观后感融为一体。

教师可以以教育随笔的方式撰写述评类文章或书评。述评类文章多存在于历史述评中，历史述评研究中的评价必须就事论事，不能过度发挥；要基于客观历史事实的评价，不能过度地提出价值判断。撰写书评属于一种高层次阅读，是一种深度阅读和自我建构式解读。

阅读日志的内容和形式多种多样，教师要带着思考、带着理论视角去读书和写作。教师可以读书、读图、“读”实践以及实践中的人。

教师在阅读思考的基础上，应坚持以读后感、教后感和观后感的方式撰写阅读日志或教育随笔，述评结合，读思并重，促进反思和专业发展。

## 二、教育叙事研究应注意的问题

好的教育叙事研究至少符合两个标准：一是讲述教育故事，二是教育故事隐含教育道理。教育叙事研究要注意三个方面的问题：教育故事的情节、教育故事的结构和教育故事的理论视角。

### （一）教育叙事情节是真实、非完满的

教育叙事情节是构成教育叙事研究的重要组成部分，没有故事讲述，就没有叙事研究。

教师讲述的教育故事是日常生活和教育实践中真实存在和发生过的，可以是教学故事、管理故事、育人故事、阅读故事、个人成长故事等，讲述教育故事既要生动具体，还原真实的丰富的实践情

境，凸显关键事件，又要为故事结构和主题服务，进行相应的选择和取舍。

教育叙事研究让置身其中的讲述者和倾听者学会与问题和解，与不完满的生活平和共处，用长远的、发展的眼光看待教育意义和学生成长历程。

刻意追求教育故事与关键事件的典型性，可能不利于寻找教育故事。教育叙事研究看重的是日常生活的美好。

### （二）教育叙事结构是多元开放、非模式化的

教育叙事结构是教育叙事的逻辑主线，对于某个具体教育叙事来说，叙事结构是比较清晰的，但教育叙事文本没有固定套路或模式，教育叙事呈现的是真实的教育生活，是丰富多样的、个体化的教育经验和教育理解，具有独特性和异质性的教育价值。

教育叙事的结构是多元开放的、非模式化的，如果每一个教育故事的叙述都具有同样的结构，教育故事还没有深入展开就知道其结局和教育道理，这种教育叙事就缺乏研究深度。

真实的教育生活具有多种可能性，其复杂性和情境性是丰富多样的，解决策略更是多种多样。教育叙事研究不是虚构美好，也不能回避教育生活的复杂，要让教师的个人化知识和个人化经验得以述说、分享与被尊重。教师在述说中反思，反思中改进，不断提升自己的教育理念和教育智慧。

### （三）教育叙事理论视角

教育叙事研究看似讲故事，其实是在讲故事背后的教育道理。

从表面上看，这个教育道理是自下而上的，是从教育故事中归纳出来的；实际上，这个道理更可能是自上而下的，是在讲述教育故事之前，就已经确定的某个教育道理。这个教育道理就是讲故事的理论视角。

研究视角（Research Perspective）[①]也可称为研究立场（Academic Footing）或分析框架（Analytical Framework）。出色的教育叙事研究往往显示或隐含了独特的研究视角。成为一个出色的研究者意味着成为一个视角主义者。研究视角能帮助我们预见和理解事实。

研究对象正是通过研究视角而被看见、被理解。不见得所有的叙事研究都需要有理论视角，但恰当的理论视角能够让叙事研究理论思维含量充足。如果调查研究者从某个理论视角去展开相关的调查，这样的调查研究就容易显示出它的学术性，区别于一般新闻记者所做的新闻调查。学术领域的调查研究既要像新闻记者那样寻找证据，又要凭借理论视角超越一般意义上的新闻调查。

理论视角主要是指从某个理论框架去看待和解释研究对象。理论视角主要包括理论基础、学科视角和学派视角。三者之中，比较常用的是学科视角和学派视角。

传统意义上的“理论基础”大体也可以视为理论视角，但理论基础往往会列举两个以上的理论，而“理论视角”强调研究者采用某个“学派”作为自己的“分析框架”去分析某个具体“问题”。与之相应的标题往往呈现为“从A看B”“A与B”“A中的

① 视角（perspective）不同于视域（horrizon），前者是看问题的角度，后者是问题自身所在的背景。在视域理论看来，任何焦点知识有自己的背景或边缘场域，背景或边缘场域影响或决定焦点知识的意义。

B”“A∶B的视角”。

总体而言，研究视角将决定研究者能看到什么和看不到什么。研究视角是研究的灵魂。出色的研究都是有视角的研究。

## 思考题

1. 如何理解叙事研究？
2. 叙事研究有何特点？
3. 叙事研究的步骤有哪些？
4. 如何利用叙事研究的技巧？
5. 叙事研究要注意哪些问题？

# 第十一章　研究设计

## 第一节　研究设计介绍

研究设计是研究进程中每个环节所要进行工作的详细说明，是可操作的具体要求，是整个研究的蓝图。

研究设计的主要内容包括：选题的意义、研究背景与现状分析、研究内容与目标、研究方法、研究进程、研究重点和难点分析、完成研究所具备的主客观条件分析等。

研究设计越细越好，对研究进程中的每一个细节性问题最好都考虑到，并提出解决的方法。实际上，研究设计就是在研究者的头脑中对所选的研究课题开展的“预研究”，是对即将开展的研究进程的思考。

对不同类型的研究，设计自然也不完全相同，但上述基本内容都包括在研究设计中。本章主要介绍“量的研究”设计，质的研究设计详见本书第七章。

通常要进行的研究设计有申报各级、各类课题的研究方案设计（即课题申报书），各类学位论文的开题报告。

申报各级、各类的研究课题，都有相应的申报表格，要按照要求填写，不得自行设计表格。各个学校对学位论文的开题报告要求也不完全相同，也要按照相应的要求填写。形式上的要求容易达到，内容方面较难。本章主要对研究设计的内容进行详细介绍。

# 第二节　研究设计的具体要求

## 一、“研究意义”的设计

一般而言，研究意义是研究设计的开始部分，也是研究者对为什么选这个问题的理论论述，主要从三个方面论述。

### （一）理论意义

理论意义主要指解决了所选的课题在理论上有什么意义。例如，理论上有什么创新和突破，填补了哪方面的空白，完善了什么理论，发现了什么新的结论，证明了现有理论哪些不足。

理论意义的思考基础是对现有理论的整理和分析，是对有关理论的反思。理论意义对一线教师而言，是最难填写的一个部分，甚至有人省略了这一部分内容。缺乏这部分内容，研究设计不完整。所以，教师要尽量填写这部分内容。只要经过独立认真思考，任何研究都具有一定的理论价值。

### （二）实践意义

实践意义主要指所选的研究课题对解决某方面的教育实际问题有什么帮助。这部分内容相对比较容易写。

### （三）创新意义

创新意义主要指研究在哪些方面有所突破。例如，填补理论空白是创新，解决实际中的问题也是创新，得出新的结论更是创新。一项研究或多或少都会有一些创新，否则就没有研究的必要了。

这三个方面的内容在具体一项研究中可能有不同的侧重点，但任何一项研究都要考虑这三方面的意义，这是对所选问题的一种反思：所选的问题究竟有多大意义和价值？教师对这部分内容的填写要尽量做到实事求是，不要无限夸大研究的意义和价值。比如，有人说解决了他所选的课题，就可以解决当前我国教育中存在的所有问题，这就明显夸大了研究的意义。事实上一项研究能解决某一方面的问题已经是非常好的结果了。夸大研究的意义和价值，结果往往适得其反，也无助于课题的审批；相反，可能给评审者带来不好的印象，对教师的研究设计产生怀疑，进而可能否定此研究设计。当然，另外一种情况是有些设计者对这部分内容填写太简单、草率，认为研究没有什么意义和价值，或者找不出多大的意义，这也是不好的。既然设计者自己都认为意义不大，为什么还要进行这项研究呢？所以实事求是很重要，但适当强调研究的意义也很重要。

## 二、“研究背景”的分析

研究背景实际上与研究者选择的研究问题密切相关，主要分析此项研究是在什么背景下进行的，可以从内在背景和外在背景两个大方面分析。内在背景主要是从教育内部来分析，当前的教育存在各种各样的问题，需要进行研究。外在背景主要是从教育外部、教育密切相关的方面来分析。比如，在分析我国高考模式改革时，谈到经济模式的变革（从计划经济体制到市场经济体制）必然会带来教育模式的变革，高考模式也不例外，应该从“教育选择人”的模式走向“人选择教育”的模式。再比如，当前的课程改革也是受教育外部改革的启示。

## 三、“研究现状”的分析

研究现状分析是分析所选问题及相关问题研究达到的程度，主要采用文献分析法。首先要收集大量相关文献。这是一项艰苦的工作，对一线教师来说，有很大难度。其次要深入阅读和分析所收集到的资料，这也是非常耗时、需要动脑的工作。

研究现状分析还可以结合一些调查研究来完善。例如，对所在学校的情况展开调查分析，或者对周围的学校展开调查等。

这一过程中的很多观点实际上是研究者个人经验的体现，是研究者对研究的看法，研究者对所选问题的熟悉程度往往在这一部分得到充分反映，研究者的概括能力、归纳能力及理论思维水平也在这一部分得到展现。

另外，研究的意义和价值还可以在这一部分得到强化。只有清楚了现有研究的现状，才可以更准确地判断要进行的研究的价值。所以，不能轻视这一部分。

还有，衡量研究者的努力程度往往也看这一部分内容。例如，研究者到底查阅了多少文献，有没有认真阅读和思考收集的文献，做了哪些概括和分析，行家一眼就能看出来。

## 四、“研究内容和目标”的设计

研究内容是研究设计的主要内容，目标是内容的具体化。将要研究的课题分解为有内在关联的几个具体、明确的问题，进而明确研究内容。在研究设计里一定要把所要研究的内容具体列出来，从内容到目标是越来越具体的过程。这里需要对研究的总目的进行逐级分解。比如，研究的题目就是总目的，总目的包括哪些问题，每个问题又包括哪些目标是必须明确的；否则研究就无法进行。目标明确之后，才能提出相应的研究假设。

例如，某学生的研究论文《澳门小学学校组织气氛与教师工作满意度研究》中，提出了以下四个具体目的：①深入且系统地整理有关学校组织气氛及教师工作满意度的有关理论及实证研究文献，②调查澳门小学学校组织气氛及教师工作满意度的现状及其相关情形，③探讨教师个人背景因素与学校组织气氛及工作满意度之间关系，④根据研究结果提出具体建议。这样就把一个复杂的研究分成若干个简单的研究问题，然后分别对每个研究目的进一步明确所要研究的具体子问题。

## 五、“研究方法”的设计

研究方法有很多种，本书还没有介绍全面，教师要选择适合自己的研究方法。量化的方法未必就是好的。还有一些错误认知，认为中小学教师做研究只能采用行动研究法，大学教授才采用思辨研究的方法。实际上没有最好的研究方法，只有最适合的研究方法。这里的“最适合”包括两个方面：一是适合所研究的问题，问题决定方法；二是适合研究者，研究者是否熟练掌握这种研究方法。当然，我们需要不断学习先进的研究方法，而最好的学习方式就是“做中学”。前面谈到研究方法的整合问题，如果有可能，研究者应尽量运用多种研究方法，做到一定程度的整合。

## 六、“研究进程”设计

研究进程设计一般是按照研究的程序来进行，但具体内容要更加明确。比如，如何查阅文献，如何选择样本，采用什么样的方法收集资料，采用什么统计方法处理数据，如何解释研究结果，等等。对研究进程中可能出现的任何细节都要仔细考虑，否则，有可能因为某一个环节的疏忽而前功尽弃。

## 七、“研究重点和难点”的分析

研究重点是指此项研究的核心问题、关键问题以及最重要的部分。研究难点是研究中最困难的部分，这是对研究者而言的。

重点和难点不一定完全相同。例如一项问卷研究，有人可能认为问卷的设计是难点，有人认为问卷数据的统计处理是难点，有人认为资料的收集是难点，还有人认为寻找样本是难点。

对于难点问题，应该提出相应的解决措施，即如何克服这一难点。

## 八、“完成研究所具备的主客观条件”分析

主观条件主要分析研究者个人或课题组是否有能力完成此项研究，这里重点介绍项目主持人的学术背景、能力、知识结构、工作经验以及前期的研究成果。重大项目还要介绍参与者的具体情况。反思为什么选题要选自己的优势领域以及感兴趣的领域。研究者在这个领域有自己的特长、有长期的研究成果、有能力来完成这个研究，也就是说这个题目最适合该研究者。

客观条件分析主要包括研究设备、经费预算、时间保障、必要物质保证等方面的因素，要对其进行详细说明。另外，对课题组成员、组长、分工协作等也要详细说明。

以上只是对研究设计主要内容的简单说明，在研究设计过程中，要具体问题具体分析，不一定非要填写所有内容。

# 第三节 研究设计案例

为了让大家对研究设计有具体的了解，此处举例说明，提供参考。

## 特殊儿童随班就读政策分析——以广州市黄埔区为例[①]

### 一、目前国内外的研究概况和文献综述

特殊教育是指使用一般或特别设计的课程、教材、教法、组织形式和设备对特殊儿童进行的达到一般和特殊的培养目标教育。不同国家对特殊儿童的定义不尽相同，《美国百科全书（1980年版）》对特殊儿童（Exceptional Children）的定义是：在智力、感官、情绪、身体、举动或表达能力上与正常情况有较大差距的儿童。1981年，英国的教育法中使用了更为广泛的一个概念，即有特殊教育需要的儿童（Children with Special Educational needs）。近30年来，国际特殊教育界在办学思想以及对有特殊教育需要的学生所采取的安置形式都发生了剧烈变化。受丹麦、挪威等北欧国家所倡导的正常化原则（the principle of normalization）影响，从20世纪六七十年代，美国特殊教育界掀起了一场“回归主流”（mainstreaming）运动，即把有特殊教育的学生全天或每天的一部分时间安置在普通学校的普通班级接受教育。20世纪90年代后，在对回归主流运动进行反思的基础上，产生全纳性教育（inclusive education）的思潮，其基本主张就是改革现有的普通教育及特殊教育，为所有儿童建立一种单一的教育体系；无论儿童有何困难和差异，在一切可能的情况下，让全体儿童在一起学习。全纳教育主张“人人都有平等的受教育的权利，学校要平等地接纳所有的学生，不排斥任何人，积极地让所有学生参与”。根据国际特殊教育发展的大趋势，结合中国实际情况，从20世纪80年代末开始，我国政府

① 华南师范大学2002级教育硕士唐翠华学位论文的开题报告，引用时征求作者同意，有修改和删节。

把残疾儿童进入普通学校随班就读作为发展特殊教育的一项重要措施，并在若干重要文件中明确提出，同时还通过立法，把这种做法确定为特殊教育中的主要安置形式之一。随班就读是指将残疾儿童安置在普通教育机构（中小学、幼儿园）接受教育的特殊教育形式。十多年来随班就读工作的开展，其意义有以下三个方面。①随班就读可以减少教育投资。②随班就读可以解决城镇、农村残疾儿童入特殊学校困难的问题。③随班就读体现了社会主义人道主义精神，是提高残疾儿童素质的根本途径。随班就读也有效提高了残疾儿童少年义务教育入学率；促进残疾儿童的身心发展和与社会的融合；促进了教育思想观念的转变，使教育工作者对教育功能、教育价值进行重新认识和思考。更主要的是使全社会更加理解残疾人这个特殊的弱势群体，提高了社会文明程度。然而应该指出的是，我国随班就读这种安置形式虽然解决了相当一部分残疾儿童的入学问题，但其教学水平、教学质量十分令人担忧，和国内普通教育相比，还有较大的差距，和教育发达国家的特殊儿童随班就读相比差距较大。现阶段，我国正在进行新一轮课程改革，其核心就是让每一个学生得到最大限度的发展，进一步探索在新时期特殊儿童随班就读工作的新思路、新方法。

## 二、研究课题的科学依据及意义

### （一）研究课题的科学依据

以伊达德（G. Itard）、海尼克（S. Heinicke）、加特劳德（H. Gotlaudet）、蒙台梭利（Montessori）等教育家的理论研究和实践探索为基础，依据“回归主流”“最少限制环境”“零拒绝与全纳性”等特殊教育理念，从教育学、心理学、社会学的角度重新审视我国特殊儿童随班就读政策，通过对特殊儿童家长、随班就读学校校长、教师以及社区层面的调查，分析当前形势下，改进特殊儿童随班就读工作的新思路、新举措。

（二）研究意义

1. 理论价值

总结比较国内外的相关研究，调查研究目前随班就读工作中存在的一些问题，为我国特殊儿童随班就读政策提供实证依据；并为今后进一步开展特殊教育工作，提出应对的策略，充实关于特殊教育的理论内容。

2. 应用价值

主要为当今有效开展特殊儿童随班就读工作提供所需的参考量表，促进学校领导和教师教育思想观念的转变，促进教师对教学方法的改进和提高；同时对特殊学生各方面的发展，对其良好社会行为习惯的养成以及自信心的培养，平等参与意识的形成等都起到积极作用。加强开展随班就读工作的实效性，对进一步开展特殊教育乃至推动九年义务教育的普及工作起到积极促进作用。

3. 创新价值

第一，设计较科学、系统的“黄埔区特殊儿童随班就读工作调查问卷”。第二，分析特殊儿童随班就读工作存在的问题，进行归类，并探讨各种影响因素。第三，把量化研究问卷调查法与质的研究观察、深度访谈法结合，探讨教育科研方法的整合。第四，提出关于开展随班就读的管理对策，提高新时期开展特殊教育的实效性。

**三、研究的主要内容**

主要研究以下四个方面的内容。

第一，国内外对特殊儿童随班就读研究的现状。

第二，采用问卷研究法调查黄埔区的现状。

第三，采用观察和访谈的方法深入了解学生家长、教师及校长对特殊儿童随班就读的看法。

第四，综合量的研究与质的研究结果，结合有关政策和理论对所研究的问题进行整体分析，得出最终结论。

**四、研究的主要方法**

本研究将主要采用问卷研究法、访谈法以及文献内容分析法。

**五、研究的进程**

1. 政策和文献综述

国外关于特殊儿童随班就读的研究现状，我国对特殊儿童实施随班就读政策制定相关文件的背景、原因以及实施过程。

2. 实施调查

从黄埔区教育局所属的小学中，随机抽取10所小学，对在校教师进行问卷调查。然后，采用统计方法对数据进行处理。

3. 观察与访谈

确定观察与访谈的对象（特殊学生家长、校长、教师各5名）、进入现场、搜集资料、分析整理资料、形成研究结果。

4. 政策分析

从理论的角度、哲学的角度、心理学的角度分析随班就读这种特殊教育形式，结合黄埔区个案调查研究，以研究结论为出发点，分析该政策在贯彻落实中存在的问题，探索新形势下开展特殊儿童教育的新思路。

**六、要突破的难点**

要突破的难点有两个方面。

第一，编制黄埔区特殊儿童随班就读现状调查问卷。

第二，对研究材料的整理、分析与归纳，研究成果的总结与表述。

**七、完成研究的主客观条件分析**

本人在黄埔区教育局负责特殊教育方面的工作，非常了解黄埔区特殊教育的情况，易收集研究资料。本人长期以来非常关注随班就读的问题，积累了一些相关的资料和文件。另外，在攻读硕士学位期间，也掌握了相应的研究方法，特别是编制问卷以及数据统计的方法。

**八、研究总体计划和进度安排（略）**

开展一项研究设计工作不容易，对有经验研究者如此，对新手研究者更是如此。但研究设计是研究的必要环节，省略了这个环节的研究，可能在后续过程中会遇到更多难题。

## 思考题

1. 研究设计包括哪些内容？
2. 结合实际做一项研究设计。

# 第十二章　教育科研论文的撰写

## 第一节　论文的结构及要求

不同类型的论文，其结构不完全相同，但基本上都包括以下八个部分。

### 一、标题

标题是文章内容的浓缩，标题要确切、简练、醒目，要能体现文章的主要内容，不能出现“文不对题”的现象。标题不能和文章中的某个小标题一样，一般不超过20个字。

有时标题范围太大或标题太长，可以采用副标题的形式。副标题是将主标题的范围缩小，使研究的问题更加明确、具体。

标题要有新意，使读者有想看下去的欲望。所以，一篇文章要仔细推敲标题。

### 二、署名

论文要注明作者的姓名、工作单位或通信地址。一般按贡献大小来排名。署名不仅是一个“名”的问题，实际上也包括相应的责任。一旦文章出了问题，不只是第一作者的责任，其他作者也有相应的责任。

署名的方法也不尽相同，有的是在作者名下面署工作单位，也有的是在同一页加脚注，同时有作者简介。

## 三、摘要与关键词

摘要是对文章内容作简明扼要的说明。关键词是标题和文章中的核心词语，有的文章还需要英文摘要与关键词。

读者通过阅读摘要可以了解到文章研究的是什么问题，文章采用了什么研究方法，研究得出了什么结论。作者不要在摘要部分大谈研究的意义和价值，对研究结论不作说明，或者简单“一带而过”。摘要一般不超过350字。

关键词的写法没有绝对标准，但标题中的核心词要列出来，文章中的关键词也要列出来。列关键词的目的是方便他人检索。比如，“广州市中学生课外阅读的内容与类型研究”，这里的关键词有：广州市、中学生、课外阅读、阅读内容、阅读类型。关键词一般不超过5个。

## 四、引言

引言是正文前的一段引语。文章的引言主要是引出研究的问题，包括研究的背景、已有研究的不足、研究的意义和价值等方面的简短说明。引言可以采用以下四种方式。

第一，交代式。交代研究问题的背景。

第二，提问式。提出所要研究的问题。

第三，出示观点式。概括文章的主要观点，使读者产生新奇感，进而有兴趣继续阅读文章。

第四，阐述概念式。对文章中的主要概念进行阐述，为进一步分析打下基础。

## 五、正文

正文是文章的核心部分，所有的论点和论据，以及研究的全过程都要在正文部分呈现。如果是实证类的文章，要按照研究的程序一步步深入。此处主要介绍思辨类论文的写作要求。

### （一）推理方式

一般在思辨性的文章中主要采用三段论的推理方式。

### （二）证明

如果要证明某种观点，可以采用以下的证明方式。

#### 1. 举例证明

通过举例支持文中的论点。每一种论点都可以找出很多例子来支撑。比如，论点为“个子很高的人很聪明”，研究者可以举很多例子；反过来，论点是“个子很矮的人很聪明”，研究者也可以举出很多例子来说明。

#### 2. 引证证明

一般可以通过引用已有的研究结果或者引用名人的观点来进行证明，这也是撰写论文常用的手段。

#### 3. 比较证明

采用比较的方法来进行证明，一般采用比较条件、背景等来证明结论。但实际上，条件只是相似，不可能完全相同，所以结论不一定完全正确。

### （三）反驳

反驳又分为以下三种。

第一，反驳论点。对某种论点进行驳斥，也就是说论点本身是错的。

第二，反驳论据。对论据进行驳斥，可能论点是对的，但论据不充分。当然，也有可能论点是错误的。

第三，反驳论证。可以对论证的方法进行驳斥，有可能论据较充分，但论证的方法不对，从而导致错误的论点。

## 六、结论

结论是对全文的概括与总结，是对研究结果做出的推论。结论应该与全文的研究过程及观点相一致，合乎逻辑。

文章内容前后的一致性非常重要，文章观点不能前后矛盾，观点模棱两可。

逻辑性主要指研究的结论应该合乎逻辑，研究过程的真实体现和自然的推论。即结论是作者真正研究出来的，而不是预先就有的、牵强附会的，或者研究根本没有得出的。

文章的一致性与逻辑性往往是衡量论文质量时重要的、相对外显的指标，一般专业人士都可以判断出来，即使他不一定很懂文章的研究内容。

## 七、致谢

对给予文章帮助的人致以谢意。

## 八、引文注释与参考文献

注释的方式有多种，可以采用文中注、文尾注以及页末注等多种方式，不同期刊有不同要求。不管什么类型的注释，主要内容都要包括作者名、文章名（书名）、期刊名或出版社、出版地点、期刊号或出版时间、页码等。

文章的注释是否规范往往是判断文章规范的外在标准，期刊编辑是否选中某篇文章与此不一定有多大的关系，但剔出某篇文章可能与此有很大的关系。

现如今，知识产权越来越得到重视，作者不仅要对引用的观点或内容进行规范注释，引用的内容也不能太多。另外，引用部分国外文章还要征求作者或者出版社的意见。

# 第二节　论文的写作过程

## 一、论文选题

关于选题的问题前面已经阐述了很多，这里再补充几点。

首先，选题最好从自己的兴趣出发，有利于研究的深入和持久。

其次，作为中小学教师，选题最好从自己的实际工作出发，有利于发挥自己的专长，也有利于研究顺利完成。

再次，选自己的强项或优势方面的问题，发挥自己的长处。

又次，中小学教师选题要注意理论性，从理论与实践的结合中寻找问题。

最后，还要注意从小切口入手，便于进行深入研究。

## 二、构思

问题选定后，研究者需要缩小资料的收集范围，围绕研究问题进行深入钻研，集中精力进行论文的构思。构思可以从以下几方面来开展。

第一，内容方面。要达到“四性”要求。一是完整性，即内容要全面，不能遗漏重要内容；二是科学性，要言之有理，持之有据；三是逻辑性，要符合逻辑、顺理成章；四是实用性，要密切联系教育实际，解决实际问题。

第二，方法方面。一般而言，问题比方法重要，但问题确定之后，方法就变成最重要的了。

## 三、撰写准备

### （一）资料与理论的准备

准备资料是必要条件，相对容易一些。理论准备相对困难，特别对一线教师。教师要把理论准备的过程，当成学习、提升自己理论素养的过程。在理论学习的过程中寻找适合研究问题的理论基础。没有理论指导的研究是低层次的，也无法指导教育实践。切忌把别人或别国的理论生搬硬套，直接拿来。否则，会导致实践出现偏差，最终影响学生的发展。

### （二）草拟提纲

写论文提纲必须细化。提纲要先确定文章的几个大部分，明确每个部分论述什么问题，有什么观点，采用什么方式论述，每个观点又准备从哪几个方面进行分析。提纲越详细，写作就越顺利。如果只有几条粗略的提纲，写作是很难进行下去的。观点出不来，说明准备不充分，还没有透彻把握研究问题。因此，观点一定要在提纲中以清晰的语言描述出来；不仅如此，还要说明观点之间的联系。

## 四、写作初稿

拟好详细的写作提纲之后就开始撰写初稿，可以采用以下几种方式。

### （一）循序渐进

按照提纲的先后顺序从前言一直写到结语。这种方法对文章内容的一致性、逻辑性方面相对容易把握。

### （二）先易后难

先撰写容易的部分，把难的部分留在后面，这也是常用的一种写作方式。

### （三）化整为零

把整篇文章分成若干部分，各部分分别撰写，也可以采用先易后难的方法逐段完成。

作者要善于捕捉灵感，灵感来了马上记录下来，因为思想火花往往一闪而过，时间长了容易忘记。作者还要注意边写边改，文章放几天可能又有新的想法。另外，如果有可能的话，还可以请有关专家帮助修改。

## 五、修改论文

论文的初稿完成后，要反复修改。修改时要对文章的内容进行核实、补充或者删改，作者也可以对文章的结构作适当调整。此外，文字要进行适当的润色和加工，注意标点符号的准确使用。

## 六、论文定稿

对初稿进行反复的修改后，就可以定稿。作者再把文章投到相关的刊物。文章改的次数越多，会越完善，但任何文章都很难达到完美无缺的境界。

## 第三节 论文写作的基本要求

### 一、标题与文章内容的一致性

一致性是对一篇文章最基本的要求，包括内在一致和外在一致两个方面。内在一致是指内容研究目标一致，外在一致是指文章标题对内容的包含程度。外在一致是比较容易判别的，看文章标题与核心论点就清楚。一般而言，大标题要涵盖小标题内容。内在一致的判断比较困难，一般是外在一致比较高的前提下才研究内在一致。这个问题要由专家来判断。但文章内容前后一致、逻辑问题、推理问题、结论解释、适用性问题以及研究方法问题还是可以判断的。

### 二、充分使用资料，让事实“说话”

不同类型的教育论文，所使用资料的类型往往不同，但基本上包括背景资料、统计资料、典型资料、访谈资料、观察资料和文献资料等。在撰写论文时，要尽量配合使用研究过程中搜集到的各种资料。使用资料时要做到“点”“面”结合，既有反映总体情况的综合资料，又有典型而深入的事例，让整篇论文“有血有肉”。同时，使用资料时还要做到文字、数字和图表三种形式结合，增强论文的说服力和感染力。

## 三、善于进行理论的分析与概括

教育研究论文的撰写以研究过程中搜集的资料为依据，但不是对事实材料的简单罗列。在撰写教育论文时，在充分搜集材料的基础上，对材料进行整理、分析和提炼，使材料条理化和系统化；然后采取各种方法对材料进行分析、综合、抽象和概括，使之上升到理论高度；最后，认真分析事实本身所提供的普遍意义和社会效果，区分主流和支流、现象与本质，概括出符合客观规律性的结论。

## 四、行文流畅，格式规范

行文流畅能让读者有愉快的阅读体验，甚至产生一种美感，越读越想读。格式规范是必须具备的条件，也是文章学术性的外在显示标志。一篇文章要给读者格式规范的第一印象；否则，读者会认为研究还没有“入门”。

## 五、尽量体现创新精神

论文的基本要求是要有创新。创新的概念较模糊，本书也提到了一些标准。对于中小学教师来说，从理论上提出新论点、新见解是创新，在教学实践中发现新的方法也是创新；选择他人没做过的课题是创新，用新方法或者从新的角度去做他人做过的课题也是创新；将别人的成果用于解决自己新发现的问题或者新的领域还是创新。[①]

由于创新的形式多样，导致创新程度很难判断，但一篇文章是否有创新还是可以判断的。比如，参考在上海做的一个关于中小学生学习兴趣的调查研究，在广州再做一次，除了地点不同，其他都一样，这是重复研究。但如果研究者认为广州的学生与上海的学生有很大不同，以往的研究也显示出很多不同，这个问题也是可以做的。研究者不如选一个差异更大的样本，比如，以经济欠发达地区的学生为样本作比较，也许会出更有价值的研究成果。

## 思考题

1. 简述撰写教育科研论文的结构及要求。
2. 论文写作有哪些过程?
3. 论文写作的一般要求有哪些?
4. 谈谈论文写作的体会。

① 钟祖荣. 现代教师学导论：教师专业发展指导[M]. 北京：中央广播电视大学出版社，2001：185.

# 后　记

经过一年的努力，终于有了现在这部书稿。回首过去，一个人有想法容易，但要把想法变成行动就有很大的难度，而行动的结果往往又与最初的想法相距甚远。因此，书稿虽然是完成了，也只能算暂时了却了一桩心愿。具体对教师的帮助有多大，还是无法估量。希望广大读者能多提修改意见，多提供研究案例，让本书在未来的修改中更加完善。

本书第一、二、四、十、十一章由胡中锋撰写，第三章由费菲撰写，第五章由李夏妍撰写，第六章由胡中锋，郭小芸，李苏丹撰写，第七章由黎雪琼撰写，第八章由钟勇添撰写，第九章由林伟贞撰写，第十二章由高慎英撰写。胡中锋还负责全书统稿工作，彭依、李琦负责本书校对工作。

此外，还要感谢我教过的所有学生，从与他们的交流中，我增长了很多见识；从他们完成的作业和讨论中，我搜集了很多案例。

最后，我要感谢华南师范大学教师教育学部，感谢陈欢老师，感谢广东教育出版社尚宇编辑，感谢所有帮助过我的人。

# 电子资源

附录一　小学生数学学习焦虑、态度与投入动机调查问卷

附录五　质的研究案例

附录二　常用的教育类网址及期刊

附录六　行动研究案例

附录三　问卷研究案例

附录七　个案研究案例

附录四　实验研究案例

附录八　教育叙事研究案例